Corinne Päper

111 Orte in Winterthur, die man gesehen haben muss

Mit Fotografien von Georg Holubec

111

emons:

Bibliografische Information der Deutschen Nationalbibliothek
Die Deutsche Nationalbibliothek verzeichnet diese Publikation in der Deutschen Nationalbibliografie; detaillierte bibliografische Daten sind im Internet über http://dnb.d-nb.de abrufbar.

MIX
Papier | Fördert gute Waldnutzung
FSC® C083411

Layout: Eva Kraskes, nach einem Konzept
von Lübbeke | Naumann | Thoben
Kartografie: altancicek.design, www.altancicek.de
Kartenbasisinformationen aus Openstreetmap,
© OpenStreetMap-Mitwirkende, ODbL
Druck und Bindung: CPI – Clausen & Bosse, Leck
Printed in Germany 2023
Erstausgabe 2017
ISBN 978-3-7408-2132-6
Aktualisierte Neuauflage Dezember 2023

Vorwort

Winterthur lebt und verändert sich ständig. Das zeigt sich auch in der Ortsauswahl der Zweitauflage dieses Buchs. Einige sind hinzugekommen, andere verschwunden. Diese Lebendigkeit macht sich auch im kulturellen Geschehen bemerkbar. Etwa bei Veranstaltungen wie den Musikfestwochen, dem Albanifest, den rund 15 Museen sowie unzähligen Freizeit- und Ausgehmöglichkeiten. Darin steht Winterthur anderen Städten in nichts nach.

Auch in der Vergangenheit war Winterthur gut «aufgestellt». Etwa im 19. Jahrhundert, als sich das ländliche Städtchen zu einer Vorzeige-Industriestadt wandelte. So wurde auf dem ehemaligen Klostergelände in Töss im Jahr 1795 die Firma Rieter gegründet, während 1802 die erste Schweizer Fabrik in der Hard den Betrieb aufnahm. Ebenso lassen sich die Ursprünge der Firma Sulzer sowie der Grossbank UBS in Winterthur zurückverfolgen.

Winterthur war und ist aber nicht nur eine Unternehmerstadt, sondern ebenso eine der Politiker, Dichter, Denker und Künstler. Nicht weniger als fünf Bundesräte stammen von hier, darunter der erste Bundesratspräsident der Schweiz, Jonas Furrer. Die Bücher des Dichters J. C. Heer erreichten Auflagen von einer Viertelmillion, und eine Architektur-Grösse wie Gottfried Semper errichtete das Stadthaus.

Nicht zuletzt ist Winterthur eine grüne Stadt: Über die Hälfte ihres Gebiets nehmen Wald- und Ackerflächen, Wiesen sowie Reben ein. Ihre Grenzen kann man ausserdem auf einem 70 Kilometer langen Rundwanderweg abschreiten.

Mehr wird jedoch nicht verraten: Was es sonst noch über die Stadt zu erfahren gibt, lesen Sie in den folgenden 111 Geschichten, die Sie kreuz und quer durch Winterthur begleiten!

111 Orte

1 Die Affenschlucht

Am Naturplanschbecken Winterthurs

Abgase, Lärm und Staubpartikel: Die viel befahrene Weiacherstrasse, die bei Wülflingen stadtauswärts Richtung Pfungen führt, lässt nicht vermuten, dass sich nur wenige Meter unterhalb davon ein Badeparadies befindet. «Affenschlucht» nennen die Winterthurer diesen Ort, der besonders für den grossen Wasserfall und die Badebecken bekannt ist. Das smaragdgrün schimmernde Wasser, der breite Kiesstrand sowie die kleinen und grossen Steinplanschbecken üben eine unwiderstehliche Magie aus und locken an warmen Sommertagen viele Menschen hierher.

In den kleineren Wasserkuhlen sitzt man wie in einer Badewanne, in den grösseren steht man brusttief im Wasser. Waghalsige belassen es nicht beim wohligen Planschen, sondern springen vom Wasserfall in die Fluten und landen mit lautem Aufklatschen im darunterliegenden Becken.

Ob die ausgewaschenen Felsenbecken am Abhang naturgeformt sind oder ob Menschen nachgeholfen haben, ist umstritten. Dass gleich in der Nähe im Jahr 1802 die erste Fabrik der Schweiz eröffnet wurde, die als wegbereitend für die industrielle Revolution galt, hat wenig mit dieser Naturidylle zu tun. Vielmehr war es der ungewöhnliche Wasserfall, der die Textilfabrikanten hierherlockte: Diesen konnten sie zur Energiegewinnung nutzen, um die Maschinen in der Fabrik anzutreiben.

Der Fabrik-Glanz ist inzwischen jedoch verblasst: Wo einst Garn hergestellt und in alle Welt versandt wurde, ist nach der Fabrikstilllegung ein Wohn- und Arbeitsquartier entstanden. Über neugierige Blicke scheinen die Siedlungsbewohner nicht erfreut zu sein, denn ein grossflächiges Plakat beim Geländezugang fordert Vorbeigehende auf, dieses nicht zu betreten und stattdessen den Wanderwegen oder dem Fluss zu folgen. Kein schlechter Rat, denn ein Spaziergang an der renaturierten Töss rundet den Ausflug wunderbar ab.

Adresse Weiachstrasse, 8408 Winterthur-Wülflingen | ÖV Bus 2, Haltestelle Winterthur Wülflingen, Bus 670, Haltestelle Haltenreben | Tipp Wer sich nicht am Geruch stört, klettert auf die Aussichtsplattform der Kläranlage Hard, von wo der Rundblick weit über die Töss reicht. Diese ist nur wenige Gehminuten von der Affenschlucht entfernt (Weiacherstrasse Richtung Pfungen, Brücke bei der Hardgutstrasse überqueren und dem Wanderweg Richtung Wülflingen folgen).

2 Die Akazia-Loge

Geheimniskrämereien

Das hinter dicht wachsenden Tannen versteckte trutzige Haus an der Schwalmenackerstrasse wirkt auf den Betrachter einschüchternd. So, als sei dort etwas verborgen, das vor neugierigen Blicken geschützt werden müsse. Der Bau neben dem kleinen abgeschiedenen Park könnte einem Dan-Brown-Film entstammen, denn unter den Hausgiebeln finden sich viele seltsame Symbole an der Wand, die auf einen Geheimbund hinweisen. Etwa ein Stern, der aus einem Winkel und einem geometrischen Dreieck besteht und in dessen Mitte sich ein in die Ferne blickendes Auge befindet. Darum herum windet sich eine Schlange, die sich in den eigenen Schwanz beisst.

Es sind Symbole für Geist und Materie sowie für Ewigkeit und das Werden und Vergehen. Schaut man genauer hin, bemerkt man rund ums Haus solche Zeichen. Tatsächlich handelt es sich um den Sitz der Freimaurer-Loge «Akazia». Das klingt nach Weltverschwörung. Nach eigenem Verständnis sind Freimaurer jedoch Menschen, die Grundwerte wie Freiheit, Gleichheit, Brüderlichkeit, Toleranz und Humanität vertreten, die sie durch praktisches Üben im Alltag leben. Nebst der Einhaltung dieser Tugenden setzte sich die Winterthurer Loge seit ihrer Gründung im Jahr 1821 für die Wohlfahrt der Winterthurer ein. So gründete sie im Jahr 1833 etwa ein Schwesternkränzchen für arme Wöchnerinnen und eröffnete 1907 das erste Brockenhaus für Menschen in Geldnöten.

Die Verschwiegenheit der Logen mag erklären, weshalb diese häufig gegen Vorurteile anzukämpfen hatten oder verboten wurden. In Winterthur war die Akazia jedoch stets hoch angesehen und zählte einige historische Persönlichkeiten zu ihren Mitgliedern wie den ersten Schweizer Bundesrat Jonas Furrer oder den Architekten Ernst Jung, der die Stadt mit seinen Villen und Arbeiterhäusern erheblich prägte und im Jahr 1903 das Akazia-Haus an der Schwalmenackerstrasse baute.

Adresse Schwalmenackerstrasse 7, 8400 Winterthur, www.akazia.ch | **ÖV** Bus 1, 5, 10, Haltestelle Obertor | **Öffnungszeiten** Privatgrundstück, nur von der Strasse her zu besichtigen | **Tipp** Nebst dem Haus an der Schwalmenackerstrasse gehörte der Freimaurerloge Akazia von 1866 bis 1904 die «Loge», ein Haus am Oberen Graben, wo sich heute eine Bar, ein Hotel sowie ein Kino befinden.

3 Die Alain-Garnier-Plastik

Beinahe ein Picasso

Ist es ein Picasso oder doch keiner? Wer an der abstrakten Pfauenfigur mit den etwas schief geratenen Gesichtszügen aus Metallschrott vorbeispaziert, könnte darüber leicht ins Grübeln geraten. Wenn er sie überhaupt bemerkt, denn die Eisenplastik steht versteckt hinter dem Musikpavillon beim Eingang zum Parkhaus Stadtgarten.

Die Ähnlichkeit der Eisenschrottfigur mit jenen abstrakten Porträts, die Picasso Ende der 1930er Jahre gemalt hat, ist nicht ganz von der Hand zu weisen. Ganz zufällig ist diese nicht, denn Alain Garnier (1926–2005) hat tatsächlich Bekanntschaft mit Picasso gemacht, als er diesem im französischen Töpferdorf Vallauris begegnete, wo sich beide künstlerisch mit Keramik-Techniken auseinandersetzten.

Zu Alain Garniers Bekanntenkreis gehörten neben Picasso übrigens auch andere illustre Persönlichkeiten wie das Schriftstellerpaar Jean-Paul Sartre und Simone de Beauvoir, mit denen er den Austausch in Paris pflegte, wo der gebürtige Franzose lange Zeit lebte und künstlerisch tätig war. 1972 siedelte er in die Schweiz um und kam 1980 nach Embrach.

Von da an wandte sich Garnier vermehrt der Metallbearbeitung zu und nutzte für seine Kunstwerke hauptsächlich weggeworfene Materialien, die er im Spermüll und auf Schrottplätzen fand. Aus dieser «Altmetallsammlung» entstanden in seiner letzten Lebensphase metallene Kunstwerke wie die hinter dem Musikpavillon aufgestellte Eisenschrottfigur «Paon», die er im Jahr 1980 schmiedet.

Doch was verband den Künstler mit dem roten Beret als Markenzeichen denn tatsächlich mit Winterthur? Garnier wurde weder hier geboren, noch hatte er in der Stadt gelebt. Im Jahr 2005 verstarb er jedoch im Winterthurer Kantonsspital, nachdem der knapp 80-Jährige bei der Arbeit an seinem Wohnwagen so unglücklich gestürzt war, dass er hospitalisiert werden musste.

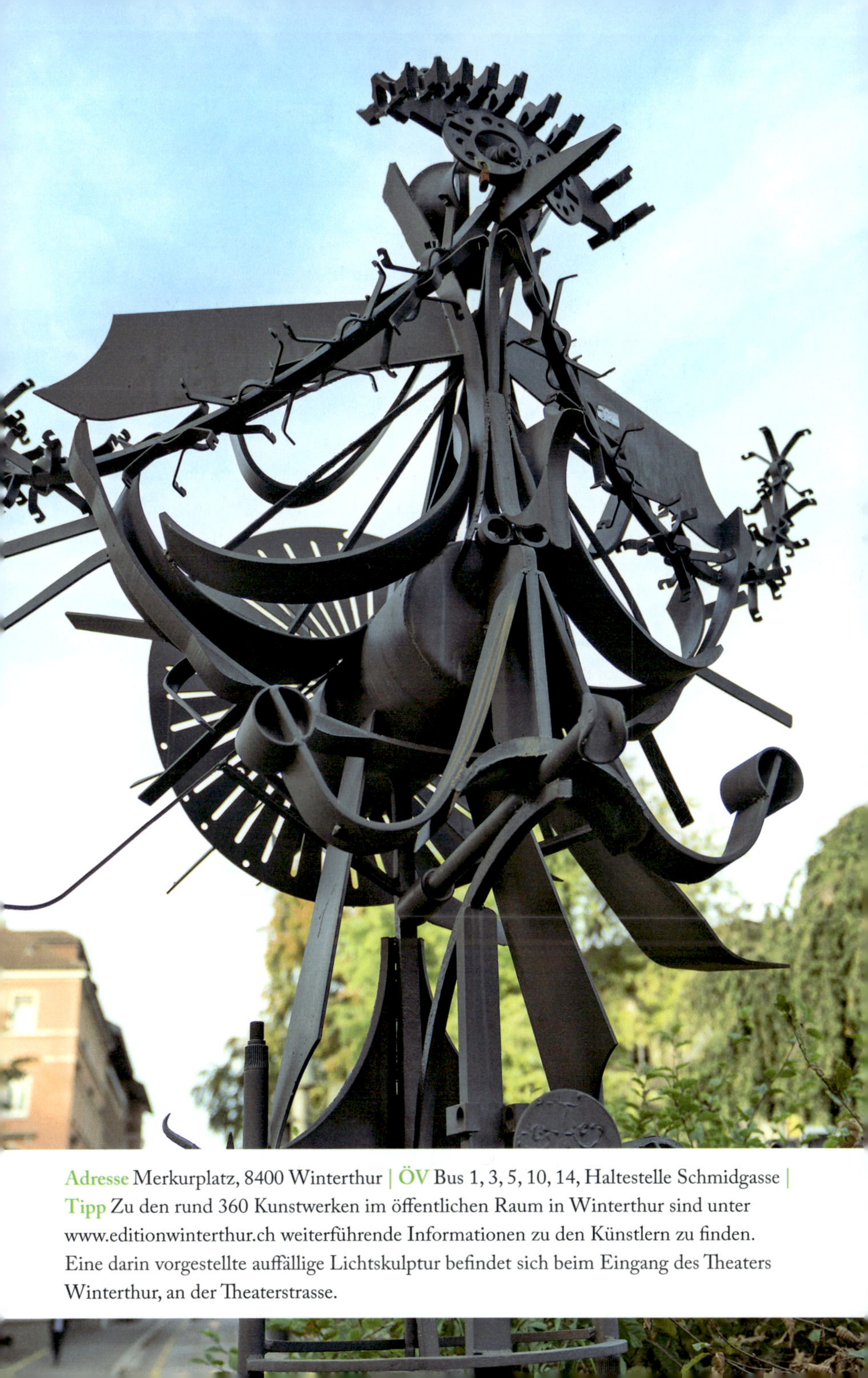

Adresse Merkurplatz, 8400 Winterthur | ÖV Bus 1, 3, 5, 10, 14, Haltestelle Schmidgasse | Tipp Zu den rund 360 Kunstwerken im öffentlichen Raum in Winterthur sind unter www.editionwinterthur.ch weiterführende Informationen zu den Künstlern zu finden. Eine darin vorgestellte auffällige Lichtskulptur befindet sich beim Eingang des Theaters Winterthur, an der Theaterstrasse.

4 Das Allmend Güetli

Vom Reit- zum Rastplatz

Auf der Allmend-Güetli-Wiese, von wo der Blick bis in die Glarner Berge reicht, wurden einst Ross und Reiter auf ihre Militärtauglichkeit überprüft. Oberhalb von Veltheim gelegen, war die Wiese bis zum Jahr 1961 dem Pferdetraining von Militärangehörigen vorbehalten. Danach taten es ihnen die Winterthurer Kavallerievereinsmitglieder gleich.

Als die Schweizer Armee die Kavallerie-Division im Jahr 1972 abschaffte, wurde der Pferdesport als Freizeitbeschäftigung zunehmend populärer. Diese Entwicklung machte vor der jährlich stattfindenden Springkonkurrenz auf der Allmend-Güetli-Wiese nicht halt. Die steigenden Zuschauerzahlen brachten die Organisatoren jedoch in eine peinliche Lage, denn der Publikumsplatz wurde allmählich knapp. 1999 fand auf der Allmend-Güetli-Wiese deshalb die letzte Pferdesportveranstaltung statt. Infolgedessen verkaufte der Kavallerie-Verein das Land an die Stadt Winterthur und errichtete auf dem Sporrer ein neues Pferdezentrum.

Die Stadt Winterthur machte der Bevölkerung dic Güctli-Wiese als «Allmend» zugänglich und gestaltete das Gelände zum Naherholungsgebiet um. Nebst einem Gebäude mit Regenschutzdach entstanden ein Brunnen, mehrere Feuerstellen, verschiedene Sitzgelegenheiten, ein Spielplatz sowie ein Teich. Beim Umbau halfen die Quartierbewohner tatkräftig mit, pflanzten Obstbäume, versetzten Steine und legten einen Duftgarten an. Nach zwei Jahren unermüdlicher Bautätigkeit wurde das neue Naherholungsgebiet am 14. April 2012 feierlich eingeweiht. Seitdem ist das Allmend Güetli bei den Winterthurern überaus beliebt. Wer an lauen Sommertagen dort grillen will, tut gut daran, sich frühzeitig aufzumachen. An der Wiese führen zudem einige attraktive Wanderwege vorbei. So gelangt man vom Allmend Güetli in 20 Minuten zu den bizarren, kopfähnlich geformten Sandsteingebilden, dem Aussichtspunkt Chöpfi.

Adresse Wolfensbergstrasse, 8400 Winterthur-Wülflingen | **ÖV** Bus 3, Haltestelle Bettenplatz, Bus 2, Haltestelle Feldtal | **Tipp** Wer bei Sonnenuntergang von der Wolfensbergstrasse Richtung Chöpfi spaziert und von dort zu den Rebhängen hinuntergeht, kann sich auf ein sensationelles Abendrot-Licht-Spektakel freuen.

5 Das alte Spital

Geheimnisvolle Unterwelten

Wer über das Sulzer-Areal schlendert, ahnt nichts vom unterirdischen Spital, über dessen Räumlichkeiten er vielleicht gerade hinweg spaziert. Errichtet wurde es 1940 während des Zweiten Weltkriegs aus Angst, die Sulzer-Werke könnten Ziel deutscher Bombenangriffe werden. Der Standort war gut gewählt: Es befand sich unter dem ehemaligen Feuerwehrmagazin. Um das Notspital mit Operationssälen, Duschen, eigener Energieversorgung und Lüftung vor Bombeneinschlägen zu schützen, wurde es mit meterdicken Betonwänden versehen und der Zugang verborgen. Dieser ist auch heute nicht leicht erkennbar und befindet sich neben einem Fahrradladen hinter einer Stahltür mit der Aufschrift «Geheimgang 188». Über einen spärlich beleuchteten Gang mit gelber, an den Wänden abblätternder Farbe gelangt man in den ersten Stock, wo man die Operationssäle über eine Schleuse betrat.

Davon ist nicht mehr viel zu sehen: Die Einrichtungen wurden entfernt, die Räumlichkeiten renoviert und neu eingerichtet. Übrig geblieben sind alte Luftschutztüren, Einbauschränke und vergessene Gegenstände wie ein Logbuch der Maschinisten, ein Notfallkoffer sowie Schlüsselbretter. Im unteren Stockwerk stösst man beim Empfang des Geheimgangs 188 auf ehemalige Wassertanks, Heizungsleitungen und einen umfunktionierten Desinfektionskasten.

Das Gebäude passt zum heutigen Zweck: Es wirkt geheimnisvoll. Genau darum geht es auch. Besucher müssen gemeinsam verschiedene Rätsel lösen. Etwa das «Geheimnis der Mine» in einem nachgebildeten Bergwerk mit Stollenwagen, in anderen Escape-Räumen einen Giftgasaustritt verhindern, üble Taten eines Bösewichts durchkreuzen oder das Rätsel der Pyramide von Nebka lösen. Rund 35.000 Spielende haben bereits teilgenommen. Manche liessen sich auf Polaroidfotos verewigen, die an einer Wand aneinandergereiht sind und wie ein Mosaik wirken.

Adresse Lagerplatz 2, 8400 Winterthur | ÖV Bus 1, 7, Haltestelle Brühleck | Öffnungszeiten Besuch nach Voranmeldung unter www.geheimgang188.ch | Tipp Einen Adrenalin-Kick gibt es nicht nur beim Rätsellösen, sondern auch beim Freischweben in der Luft über einem Windkanal. (www.windwerk.ch)

6 Anton Graffs Geburtshaus

Der Königsmaler

Eine «Bausünde» könnte man das Haus nennen, welches am Untertor 8 steht. Doch hier wurde am 18. November 1736 der Porträtmaler Anton Graff geboren. Nur eine ergraute und kaum lesbare Tafel an der plattenbauähnlichen Fassade des Gebäudes erinnert an den gebürtigen Winterthurer. Dieser sollte dereinst als kurfürstlicher Porträtmaler am sächsischen Hof in Dresden arbeiten und zum Professor für das Porträtfach an der Dresdner Kunstakademie sowie zum Ehrenmitglied der Akademie der Künste in Berlin ernannt werden.

Zeitlebens malte Anton Graff über 800 Gesichter und gilt noch heute als bedeutendster Porträtmaler seiner Zeit. Sein bekanntestes Bild ist jenes von Friedrich dem Grossen, das 1781 entstand und das am häufigsten kopierte Porträt des Preussenkönigs ist. Andy Warhol verwendete es beispielsweise in den 60er Jahren für eine Kunstserie. Nebst dem grossen Fritz gehörten weitere historische Persönlichkeiten zu Graffs Auftraggebern, darunter Katharina die Grosse, der österreichische Diplomat von Metternich oder der Dichter Friedrich Schiller. Beim Porträtieren des Letzteren verlor der ansonsten unerschütterliche Graff beinahe seine Geduld, zappelte Schiller doch dauernd herum. «Er hatte kein Sitzfleisch», sagte Graff über ihn. Die Aufträge, die an Graff herangetragen wurden, überstiegen seine Kapazitäten mit steigendem Bekanntheitsgrad bei Weitem. Er konnte sich seine Kunden aussuchen.

Graffs Porträts zeichnen sich vor allem durch die Darstellung der Augen aus, mit welchen er die Persönlichkeit der Porträtierten einzufangen versuchte. Geschmeichelt hat er seinen Auftraggebern dabei nie. Seine Bilder sind heute in Museen in aller Welt zu sehen. Im Museum Oskar Reinhart in Winterthur befinden sich unter anderem die Porträts von Graffs Ehefrau, Elisabetha Sophie Augusta Graff, und Friedrich August III. sowie jene des Rittmeisters Ludwig Wilhelm von Stieglitz.

Adresse Untertor 8, 8400 Winterthur | ÖV eine Minute Fussweg ab Bahnhof | Tipp Winterthur hat seinen berühmten Sohn nicht vergessen und Strassen sowie Häuser nach ihm benannt. So gibt es in Winterthur etwa eine Anton-Graff-Strasse oder ein Anton-Graff-Haus, in welchem sich eine Berufsschule befindet.

7 Die Arbeiterhäuser

Liverpool ist auch in Winterthur

Liverpool-Flair inmitten von Winterthur? Es ist jedenfalls kein Zufall, dass die ehemaligen Arbeiterhäuser an der Jägerstrasse 25–47 englischen Reihenhäusern verblüffend ähneln. Denn der Architekt, der diese für die Schweizerische Lokomotiv- und Maschinenfabrik (SLM) in den Jahren 1871/1872 erbauen liess, orientierte sich an den Liverpooler Cottages in England. Nach Fertigstellung der ersten Häuserreihe folgten zwei weitere Bauetappen. Im Jahr 1890 wurde an der Jägerstrasse das letzte von insgesamt zwölf Arbeiterhäusern errichtet, die damals in der Schweiz als einzigartig galten.

Die Wohnaufteilung war immer dieselbe: im Erdgeschoss das Wohnzimmer, dahinter die Küche mit Garten und im Obergeschoss die Schlafräume. Wer in einem dieser Häuser wohnte, war zugleich verpflichtet, der Betriebsfeuerwehr der SLM beizutreten. Nebst der SLM bauten auch Rieter und Sulzer viele Arbeiterhäuser in Winterthur. Uneigennützig war die Bautätigkeit dieser Grossfirmen jedoch nicht, denn aufgrund der akuten Wohnungsnot konnten sie in Winterthur nicht genügend Arbeiter für ihre Fabriken rekrutieren.

Mit dem Bau der Arbeiterhäuser schwächten die Bauherren die Wohnungsnot zwar ab, machten die Arbeiter aber auch von sich abhängig und sorgten damit für deren langjährige Betriebszugehörigkeit. Beim Wohnungsbau bevorzugten die Grossindustriellen Wohneinheiten, wie sie an der Jägerstrasse zu finden sind, weil sie in den Mietskasernen, die es in anderen europäischen Ländern bereits gab, eine politisch und gesellschaftlich gefährliche Zusammenballung von Arbeitern witterten: den Nährboden für Aufstände und Streiks.

Während die Liverpool-Häuser früher von SLM-Arbeitern bewohnt wurden, sind dort heute Studenten in elf Dreier- sowie einer Zweier-Wohngemeinschaft untergebracht. Seit dem Jahr 1990 sind die Arbeiterhäuser denkmalgeschützt.

Adresse Jägerstrasse 25 – 47, 8400 Winterthur | **ÖV** Bus 1, 5, 7, 660, Haltestelle Loki | **Tipp** Zwischen 1865 und 1874 erstellte der Fabrikant Heinrich Rieter an der Rieterstrasse in Töss eine Arbeitersiedlung mit zwölf Doppeleinfamilienhäusern, einem Mehrfamilienhaus sowie einem Wäschehaus. Diese gehört zu den ältesten Arbeitersiedlungen in der Schweiz und ist weitgehend erhalten.

8 Der Bahnhof Grüze

Ein einzigartiges Perron-Dach

Wer beim Bahnhof Grüze in der Oberwinterthurer Industriezone aus dem Zug steigt, mag sich in die 50er Jahre zurückversetzt fühlen, denn die Perron-Dächer und der Bahnsteig haben eine verblüffende Ähnlichkeit mit der Architektur dieser Zeitepoche. Tatsächlich wurden die Bahnsteigdächer und die dazugehörigen Säulen im Jahr 1955 errichtet. Nicht von irgendeinem Architekten, sondern vom Erfinder der berühmten Schweizer Bahnhofsuhr Hans Hilfiker. Der Zürcher Ingenieur, der sich auch als Designer verstand, entwickelte die weit über Fachkreise hinaus bekannten Bahnsteigdächer zwischen 1952 und 1955 für seinen Arbeitgeber, die Schweizerischen Bundesbahnen (SBB).

Die weit herausragenden Perron-Dächer werden in der Mitte von 90 Meter langen Trägerrohren gestützt, die auf drei Pfeilern angebracht sind, an deren Enden sich die Plattform-Nummern befinden. In den Säulen wiederum sind verschiedene Kabelanschlüsse, Abflussrohre, Bahnhofsuhren, Telefonapparate, Briefkästen, Fahrplan-Anzeigen und Schaukästen untergebracht. Sämtliche für die Dachkonstruktion erforderlichen Teile waren vorfabriziert und wurden innerhalb weniger Tage mit Kränen montiert, ohne dass dafür ein Baugerüst notwendig gewesen wäre.

Als Prototyp im Winterthurer Grüze-Quartier errichtet, sollten die Bahnsteigdächer auch in anderen Schweizer Bahnhöfen zum Einsatz kommen. So weit kam es allerdings nicht, denn sie wurden unter anderem wegen der hohen Baukosten nie in Serie produziert. Damit blieben die Perron-Dächer ein Winterthurer Unikat. In Architekturkreisen werden Hilfikers Dachkonstruktionen noch heute als Meisterleistung der Ingenieurskunst bewundert. Eingenommen von seiner Architekturkunst waren aber nicht nur die Fachleute: Die Stadtverwaltung Winterthur stellte die Bahnhofsdächer wegen ihrer Eleganz und Funktionalität kurzerhand unter Denkmalschutz.

Adresse Bahnhof Grüze, 8404 Oberwinterthur | **ÖV** S 12, S 26, S 30, S 35, Haltestelle Bahnhof Grüze | **Tipp** Nicht überall in Winterthur gibt es original Design-Bahnarchitektur. Bei manchen Bahngebäuden wurde unverhohlen kopiert. So nutzten die beiden Architekten Ernst Jung und Otto Bridler in den Jahren 1894–1896 die Baupläne des Berner Bundeshauses als Vorlage für die Bahnhofsumgestaltung.

9 Das Bahnhüsli

Eine Quartierbeiz mit Herz

Wer an einem Mittwochabend um halb sieben ins Bahnhüsli an der Pflanzschulstrasse im Inneren Lind kommt, wird mit solch einer Herzlichkeit begrüsst und sogleich in Gespräche verwickelt, dass sich auch Nicht-Quartierbewohner bald zugehörig fühlen. Die Stimmung ist heiter: Man diskutiert über das weltpolitische sowie das städtische Geschehen, die Quartierentwicklung des Inneren Lind und tauscht sich über frei werdende Wohnungen oder zum Kauf ausgeschriebene Immobilien aus. Für das Kulinarische ist gesorgt. So steht jeweils ein Menu mit Dessert zur Auswahl, das verschiedene Quartiervereinsmitglieder in wöchentlichem Turnus frisch zubereiten. Dabei gilt das Motto: «Es hätt, solang's hätt.» Das heisst, wer später kommt, muss sich bei zu grossem Andrang mit einem «Ersatzmenu», etwa einer Bratwurst, zufriedengeben oder findet keinen Sitzplatz.

Das Kochrepertoire der Quartiervereinsmitglieder reicht vom Outdoor-Fondue über Schweinefilets an Cognac-Sauce bis hin zu Chili con Carne mit Reis und vom Orangensalat über Cappuccinomousse bis zur Ananas-Creme.

Bevor der Verein das ehemalige Bahnwärterhäuschen im Januar 2001 als Quartiertreffpunkt einweihte, waren auf der Suche nach einem geeigneten Lokal beinahe 17 Jahre vergangen. Als die Schweizerische Bundesbahn die Immobilie im Jahr 2000 zum Verkauf ausschrieb, erwarb der Quartierverein das Haus, um es fortan als Treffpunkt zu nutzen. Machten es sich die Quartierbewohner und «Auswärtigen» im Bahnhäuschen anfänglich noch bei Wurst und Käse auf den Festbänken bequem, reinvestierte der Verein die erwirtschafteten Gewinne, um den Gästekomfort stetig zu steigern. So wurden die Festbänke durch Tische und Stühle ersetzt, die Küche sowie das obere Stockwerk renoviert und in den Gasträumen im Erdgeschoss eine schalldämpfende Decke eingebaut. Entstanden ist ein kleines, an den Bahngeleisen gelegenes Quartier-Bijou.

Adresse Pflanzschulstrasse 58, 8400 Winterthur, www.bahnhuesli.ch | **ÖV** Bus 1, Haltestelle Palmstrasse | **Öffnungszeiten** Mi 18.30–24 Uhr | **Tipp** Die Menus werden auf der Website des Vereins angekündigt. Man kann sich aber auch über den Newsletter über das Mittwochsmenu informieren. Wer sich satt gegessen hat, sollte unbedingt durchs Innere Lind spazieren, eines der schönsten Quartiere Winterthurs mit vielen Backsteinhäusern aus der Gründerzeit.

10 Der Bähnlerfriedhof

Von glanzvollen Bahnzeiten

105.200 Passagiere fahren täglich in den Zügen von Winterthur nach Zürich oder in umgekehrter Richtung daran vorbei, ohne dass ihnen in Gleisnähe Wesentliches auffällt. Meist sind es abgestellte Güterwaggons, die den Blick auf den «Bähnlerfriedhof» versperren. Die Gedenkstätte der tödlich verunglückten Rangierarbeiter der Schweizerischen Bundesbahnen befindet sich knapp ausser Sichtweite, versteckt an einem unscheinbaren und grasbewachsenen Abhang unterhalb der Vogelsangstrasse, rund 200 Meter stadteinwärts von der Storchenbrücke. Zwar sind dort keine Menschen begraben, wie der Name vermuten lässt, doch erinnern 45 kleine Gedenktafeln aus der Zeit von 1901 bis 1971 an die schicksalsschweren tödlichen Berufsunfälle, welche Rangierarbeiter damals beim Verschieben der Züge erlitten.

Die Miniaturgrabmäler sind Zeitzeugen der glanzvollen Bahnvergangenheit Winterthurs und erzählen zugleich vom Zusammenhalt und dem Berufsstolz der Menschen, die im vergangenen Jahrhundert hier am Bahnhof arbeiteten: Die Überlebenden haben sichtlich keine Mühe gescheut und ihren verstorbenen Kollegen mit viel Liebe zum Detail Ehrendenkmäler gesetzt. Nebst windschiefen und ungelenk beschrifteten Schiefertafeln sind kunstvoll geschnitzte Skulpturen zu sehen, und inmitten des Mini-Friedhofs thront eine weisse, holzgeschnitzte Kirche.

Die ruhmreichen Bahnzeiten Winterthurs sind indessen Vergangenheit: Wo einst Waggons an- und abgehängt wurden, werden diese heute bloss noch abgestellt, und die Bahndepots, in denen Rangierarbeitende mit Zügen ein- und ausfuhren, sind fremdvermietet. Mit dem Niedergang des Winterthurer Bahnwesens wurden auch viele Rangierarbeiten überflüssig: Darob geriet der «Bähnlerfriedhof» lange in Vergessenheit. Erst 2005 wurde er über eine Treppe an der Vogelsangstrasse wieder erschlossen und damit der Öffentlichkeit zugänglich gemacht.

Adresse Vogelsangstrasse, 8400 Winterthur | **ÖV** Bus 4, 11, Haltestelle Storchenbrücke | **Tipp** Die Bahngeschichte lässt sich in Winterthur an verschiedenen Orten nachverfolgen. Etwa in der Zur-Kesselschmiede-Strasse, wo sich eine alte Lok-Drehscheibe befindet.

11 Der Barfussweg

Über Stock und Stein

Kleine Kinder lieben es: barfuss durch den Matsch laufen, schlammige Lehmwürste zwischen den Zehen durchquellen lassen und durch Pfützen hüpfen. Auch Erwachsene haben Freude an solchen Kindereien und würden es den Kleinen gerne öfters gleichtun. Wenn sie sich bloss trauten. Denn wer wie ein übermütiges Kind den gesellschaftlichen Konventionen trotzt, wild entschlossen und voller Freude in die nächstbeste Pfütze springt und damit einen kleinen Tsunami verursacht, erntet im günstigsten Fall von anderen Erwachsenen schiefe Blicke. Dieser ständigen Anpassung muss Abhilfe geschaffen werden, dürfte sich die Winterthurer Stadtverwaltung gedacht haben und hat deshalb einen Barfussweg in Veltheim beim unteren Walcheweiher eingerichtet. Fortan dürfen auch die Grossen ihren heimlichen Kinderfreuden mit staatlicher Förderung auf einem eigens dafür eingerichteten Waldweg frönen.

Am etwas versteckt gelegenen Barfussweg, der sich bei der kleinen braunschwarzen Holzbrücke beim unteren Walcheweiher befindet, lässt sich ausprobieren, wie es sich anfühlt, über Laub, Kies und Geröll, Holzschnitzel und Baumrinden zu hüpfen, zu springen und zu marschieren. Je nasser der Boden sei, desto grösser gestalte sich der Barfussspass, verspricht die grosse Tafel, welche beim Start des Wegs angebracht ist.

Nur wenige Meter lang ist der schnurgerade Naturpfad, der in einer leichten Steigung hinter einer Scheune endet, und nur wenige Minuten dauert es auch, bis der von Baumstämmen umsäumte Waldweg durchquert ist. Aber es spricht ja nichts dagegen, den Spass zu wiederholen. Wer schliesslich genug davon hat, barfuss über Stock und Stein zu gehen, kann sich bei sommerlicher Wärme gleich im Badeweiher abkühlen oder wäscht seine Füsse beim nahe gelegenen Brunnen bei der Feuerstelle und freut sich auf ein nächstes Mal, wenn er endlich wieder mal wie ein Kind sein darf.

Adresse Rosentalstrasse, 8400 Winterthur-Veltheim | **ÖV** Bus 3, Haltestelle Loorstrasse | **Tipp** Im Sommer kann man in den Walcheweihern baden und sich auf seinem Badetuch am Ufer von der Sonnenwärme trocknen lassen. Zudem befindet sich hier eine beliebte Grillstelle.

12 Der Baum mit Grundstück

Mitten im Feld

Man erblickt sie schon von der Anhöhe der weitläufigen Felder im Hegi, die prächtige Stieleiche, auch Quercus robur genannt. Eichen sind zwar in Mitteleuropa heimisch und weit verbreitet, diese Stieleiche ist aber kein gewöhnlicher Baum, denn sie steht inmitten des sommerlichen Maisfelds im Hegemer «Chartenbüel». Dort hat der Bauer den Mais in einigem Abstand um die Eiche herum angebaut. So kann man unter ihr herumgehen, ohne ein einziges Maisblatt umzuknicken. Und das scheinen einige Spaziergänger zu tun, wie der breit niedergetretene Grashalm-Pfad beweist.

Rund 250 Jahre soll die alte Stieleiche zählen, die von Weitem so wirkt, als sei sie vom Blitz getroffen und in zwei Hälften gespalten worden. Wer näher kommt, erkennt seinen Irrtum, denn die prachtvolle Eiche wankt keineswegs, wie es auf den ersten Blick erscheint. In einer luftigen Höhe von 30 Metern umfasst ihr Stamm etwa vier Meter, während der Durchmesser ihrer Baumkrone rund 25 Meter beträgt. Beinahe 1.000 Insektenarten finden auf dem ehrwürdigen Baum ein Zuhause, womit die Stieleiche hier einen bedeutenden Beitrag zur Biodiversität leistet.

Doch was macht ein einzelner Baum an diesem Ort? Vormals stand die majestätische Eiche am Rand des Stahlholz-Waldes, der jedoch während des Zweiten Weltkriegs gerodet wurde. Übrig blieb nur die mächtige Stieleiche, die als einzelner Baum inmitten des Hegemer Felds überlebte. Sie gehört heute zu den kommunalen Landschaftsschutzobjekten und ist im gleichnamigen Inventar aufgeführt. Damit wirklich niemand auf die Idee kommt, sie zu fällen und aus ihr Feuerholz zu machen, wurde sicherheitshalber eine spezielle Parzelle mit einer Grundfläche von 302 Quadratmetern ausgeschieden. Wer den Weg zu ihr finden will, braucht etwas Ausdauer. Denn ab Schloss Hegi sind es ungefähr 15 Gehminuten über querfeldein führende Wege.

Adresse Ecke Birchstrasse/Im Ifang, 8400 Winterthur-Hegi | **ÖV** Bus 680, Haltestelle Bännebrett | **Tipp** Von hier aus kann man Stunden entlang der gelb ausgeschilderten Wanderwege über Feld-, Wiesen- und Waldwege wandern. Beispielsweise zu Winterthurer Vororten wie Wiesendangen, Räterschen oder Elsau.

13 Der Bergweg

Alte Saumpfade in Winterthur

Wer von der Zürcherstrasse auf der Höhe des Brühlgutparks zu Fuss in die Waldhofstrasse abbiegt und dieser 100 Meter folgt, befindet sich plötzlich auf einem Bergpfad, der vor dem 19. Jahrhundert angelegt worden ist, wie Historiker herausgefunden haben. Noch um das Jahr 1840 sei dieser Weg der einzige gewesen, der durch die Rebberge hindurch auf den Brühlberg führte.

Das Teilstück der Waldhofstrasse zwischen dem Brühlgutpark und der Mythenstrasse gleicht tatsächlich jenen steilen, mit Steinen ausgelegten alpinen Bergwegen am Splügen-, Grimsel- oder Griespass. Weil diese zu eng und zu schmal für grosse Fuhrwerke waren, transportierte man auf ihnen alle möglichen Lasten mit Eseln, Maultieren oder Pferden. Saumpfade nennen sich diese Wege in der Fachsprache. Im Gegensatz zu vielen unbefestigten Strassen, die sich bei heftigem Regen in Schlammbäder verwandelten, waren diese Bergwege bei jedem Wetter begehbar.

Wer die Waldhofstrasse entlanggeht, fühlt sich tatsächlich so, als befände er sich auf einem solchen Bergweg, denn sie führt eine gefühlte Ewigkeit schnurstracks steil bergan. Nach etwa zehn Minuten Marschzeit erreicht man die Mythenstrasse, die zu überqueren ist, um den Weg auf der anderen Strassenseite fortzusetzen. Wer noch nicht müde ist, folgt der Strasse bis zum Waldhof, einem Bauern- und Erlebnishof, wo es nebst Hühnern und Kaninchen auch Geissen zu bestaunen gibt.

Unmittelbar davor zeigt ein prominent angebrachter Wegweiser zum Brühlbergturm, zu dem man in weiteren zehn Gehminuten über einen breiten Waldweg gelangt. Beim Sendeturm angekommen, können Schwindelfreie 176 Stufen einer Wendeltreppe erklimmen, um in einer Höhe von 34 Metern die Aussicht auf Winterthur und den Brühlbergwald zu geniessen. Für den Rückweg empfiehlt es sich der Einfachheit halber, denselben Weg zur Zürcherstrasse zurückzugehen.

Adresse Zürcherstrasse, 8400 Winterthur | **ÖV** Bus 1, 5, 7, 660, Haltestelle Loki | **Tipp** Wer mag, besucht ab Frühjahr die bekannte Waldschenke auf dem Brühlberg, wo in den Frühlings- und Sommermonaten ein Sonntagsbrunch stattfindet. www.waldschenke-winterthur.ch

14 Die Birken-Boulderhalle

Drinnen klettern, draussen sein

Die mächtigen granitfarbigen Gesteinsbrocken in der Halle beim Deutweg wirken täuschend echt – wären nicht überall rosarote, blaue und gelbe Zettelchen befestigt, welche die verschieden schwierigen Kletterrouten kennzeichnen, die sich dort entlangwinden. Diese tragen ausgefallene Namen wie Klippenquergang, Pandora, Sonnenwende oder Balletttänzer. Die Sportart, bei der Kletterer ohne Sicherheitsseile über echte oder künstliche Felsblöcke klettern, nennt sich Bouldern.

Während Kletterbegeisterte in der Natur selbst für ihre Sicherheit sorgen müssen, federn in der 800 Quadratmeter grossen Blockfeld-Halle 30 Zentimeter dick gepolsterte weisse Matten einen Sturz auch aus viereinhalb Metern Höhe ab. Um einen der künstlichen Felsblöcke zu bezwingen, braucht es nebst einem Quäntchen Mut nur die Bereitschaft nachzudenken, denn das Ziel des Boulderns besteht darin, ein Kletter-Rätsel zu lösen. Nämlich jenes, wohin man seine Hände und Füsse als Nächstes setzt. Da lohnt sich etwas Kontemplation. Dass man sich hier in einem geschlossenen Raum und nicht inmitten der Natur befindet, lassen einen die kühlen Temperaturen, das helle Tageslicht sowie das heimelige biwakartige Bistro beinahe vergessen. Nicht zuletzt, weil die vielen Birkenbäume in der Halle ihre Blätter im Winter genauso verlieren wie jene, die draussen wachsen.

Zum Bouldern braucht es keine extravagante Ausrüstung: Geeignete Kletterschuhe sowie Magnesium genügen, wobei man Zweiteres benötigt, um nicht abzurutschen und die Klettergriffe zu schonen. Beides kann im Klettershop gekauft oder gemietet werden. Wer nicht auf eigene Faust losklettern mag, nimmt an einem der Boulder-Crashkurse teil, die jeden Montagabend stattfinden. Dort erfahren Boulder-Neulinge, wie man sich aufwärmt, an eine Boulder-Aufgabe herangeht oder welche Technik sich eignet, um ein bestimmtes Kletterproblem zu lösen.

Adresse Oberer Deutweg 4, 8400 Winterthur, Tel. 052/5571414, www.blockfeld.ch | ÖV Bus 3, 5, 14, Haltestelle Eishalle | Öffnungszeiten Mo – Fr 12 – 22 Uhr, Sa und So 12 – 18.30 Uhr | Tipp Wer am Klettern Gefallen gefunden hat, kann sich an grösseren Wänden mit Seilpflicht erproben. Zum Beispiel in der Kletterhalle 6aplus an der Klosterstrasse 7 in Winterthur-Töss.

15 Das Bistro Dimensione

In guter Gesellschaft

Der Tisch mit dem grossen Schild in der Nähe des Eingangs des Bistro Dimensione ist nicht zu übersehen. «Gemeinsam statt einsam.» Das ist auch so gemeint: Wer keine Lust hat, allein zu essen, setzt sich einfach dorthin. Bis sich ein Gespräch mit dem Sitznachbarn ergibt, dauert es meist nicht lange. Und schon ist der Einsamkeit ein Schnippchen geschlagen.

Der soziale Gedanke des Bistro Dimensione endet nicht mit dieser Aktion: Das Unternehmen beschäftigt nebst Festangestellten auch Menschen, die meist aus psychischen Gründen keine bezahlte Arbeit finden, aber auch Geflüchtete oder ältere Arbeitnehmer. Die Belegschaft des Dimensione ist bunt durchmischt: Künstler, Gärtner sowie Musiker gehören ebenso dazu wie Bäcker oder Unternehmer. Sie alle arbeiten in der Küche des Restaurants oder helfen im Service und gewinnen dabei immer mehr an Selbstvertrauen. Eine wichtige Voraussetzung, um auf dem ersten Arbeitsmarkt eine Stelle zu finden. Alle seien hoch motiviert, lobt Pamela, die Betriebsleiterin. «Sie wollen arbeiten.« Manche blieben nur kurze Zeit, andere dauerhaft. Am meisten freut sie, «wenn jemand den Anschluss im Arbeitsmarkt findet.«

Das Bistro hat seine Anhänger. Und das liegt ganz bestimmt nicht nur an der Bedienung, sondern auch an der exzellenten Küche und den Gerichten, die von einem dreiköpfigen Köchinnen-Team aus marktfrischen, in der Region angebauten Produkten zubereitet werden. Damit nicht genug: Im Dimensione finden zudem Lesungen, Bilder-Ausstellungen oder Konzerte statt. Daneben ist das Lokal eine Begegnungsstätte verschiedener sozialer Schichten. Weitere Gründe, im Dimensione vorbeizuschauen? Der wunderschöne Hinterhof, wo man an Sommertagen «auf eigene Gefahr« wortwörtlich in einer Hängematte «abhängen« oder es sich an den Bistro-Tischen unter einer Laube gemütlich machen und eine Mahlzeit geniessen kann.

Adresse Neustadtgasse 25, 8400 Winterthur, Tel. 052/2124014, www.dimensione.ch | ÖV Bus 2, 2E, Haltestelle Gewerbeschule; Bus 1, Haltestelle Obertor | Öffnungszeiten Mo–Fr 10–16 Uhr | Tipp Ein weiteres soziales Unternehmen, die Stadtmuur, ist nur wenige Schritte von hier entfernt. Dort arbeiten Jugendliche in einem Integrationsprojekt und bereiten köstliche Mahlzeiten zu. Holderplatz 2, www.stadtmuur.ch

16 Das Bocciodromo

In- und Outdoor Pétanque

Wer beim Pétanque-Spiel an südfranzösische Dorfplätze mit schattenwerfenden Platanen denkt, erlebt in Winterthur eine Überraschung, denn das Kugelspiel hat hier seinen festen Platz im Alltag erobert und zählt viele Anhänger. Diese haben sich in zwei Clubs organisiert. Dem Pétanque Club Veltheim und dem Pétanque Club Winterthur.

Gespielt wird nicht nur bei sommerlichen Temperaturen unter schattenspendenden Kastanienbäumen wie beim Altstadtschulhaus oder dem urchigen Dorfplatz in Veltheim: Im Winter zieht es die Pétanque-Spieler zum 1991 erstellten, beheizten Bocciodromo an der Flüelistrasse 9. Während im vorderen Bereich der Halle auf zwei Bahnen Boccia gespielt wird, gibt es für Pétanque-Begeisterte am anderen Ende des Raums drei Plätze, auf denen maximal drei gegen drei Spieler antreten können. Ist das Wetter besonders schön, vergnügen sich die Pétanque-Fans auch auf den zehn Aussenspielfeldern. Ob drinnen oder draussen: Die Spielregeln sind einfach: Jeder Spieler versucht, möglichst viele Kugeln zur kleinen Zielkugel, dem sogenannten «Cochonnet« zu werfen. Wenn die eigene Kugel näher zu liegen kommt als die gegnerische, erhält man einen Punkt. Gewonnen hat, wer als Erster 13 Punkte gesammelt hat. Gespielt wird in verschiedenen Spieler-Formationen. Etwa ein Spieler gegen einen anderen, zwei gegen zwei oder drei gegen drei, wobei jedes Team maximal sechs Kugeln hat.

Während es am Dienstagabend im Bocciodromo ernsthafter zugeht, nehmen es die Pétanque-Spieler an allen anderen Tagen gemütlicher und treffen sich zum Plausch. Boule-Spielen erfordert viel Konzentration, auch wenn man nicht nach Weltmeistertiteln strebt. Das macht hungrig. Wer nach einem ausgedehnten Pétanque-Spiel seinen Hunger stillen möchte, kann das in der hauseigenen Pizzeria tun, die für ihre exzellenten Holzofenpizzas gelobt wird und für ihren süditalienischen Kantinencharme bekannt ist.

Adresse Flüelistrasse 9, 8408 Winterthur-Wülflingen, www.bocciodromo.ch, pcwinterthur.ch | **ÖV** Bus 2, Haltestelle Feldtal | **Öffnungszeiten** Externe Spieler-Gruppen können Plätze zu bestimmten Zeiten reservieren. Hierfür bitte die Website konsultieren. | **Tipp** Am ersten Samstag im Mai sowie am letzten Samstag im August finden beim Altstadtschulhaus beim Stadtpark Pétanque-Volksturniere statt, an denen auch Laien spontan teilnehmen können. Einschreibeschluss ist jeweils 13 Uhr.

17 Das Bosshard-Denkmal

Schweizer Heldenlieder

«Lasst hören aus alter Zeit, von kühner Ahnen Heldenstreit, von Speerwucht und wildem Schwertkampf» beginnt der Text des Sempacherlieds, in dem die Schweizer den Sieg über die Habsburger von 1386 feiern. Sein Verfasser ist Heinrich Bosshard, der am 8. April 1811 in Kollbrunn zur Welt kam, das damals zur Gemeinde Seen gehörte. Als Sohn eines Schuhmachers und Kleinbauern wuchs Bosshard in ärmlichen Verhältnissen auf. Gefördert wurde er besonders vom Seemer Pfarrer, der ihn ermutigte, in das soeben gegründete Lehrerseminar einzutreten. Eine Berufswahl, die Bosshards Neigungen entsprach, denn nach bestandenem Examen war er 17 Jahre lang als Lehrer in der Schwamendinger Schule tätig. Mit seinen innovativen Lehrmethoden, zu denen Waldexkursionen und Schauspielaufführungen gehörten, machte er diese zur Vorzeigeschule. In dieser Zeit entstand auch das Sempacherlied.

Wegen seines schlechten Gesundheitszustands gab Bosshard seine Stelle jedoch vorzeitig auf und unternahm mehrere Reisen, um sein Lungenleiden zu kurieren. Er durchwanderte Nordamerika und brachte von dort Unmengen an Mineralien, zoologischen Objekten und Pflanzen mit. Diese Sammlung nutzte Bosshard, um Auswanderungswillige aufzuklären, denn die Schweiz galt damals als ärmstes Land Europas, das die Menschen in Massen verliessen, um anderswo ein Einkommen zu finden. Weitere Reisen führten ihn zu einer Schweizer Siedlung in Illinois, dem Städtchen Helvetia. 1860, noch im Jahr seiner Rückkehr in die Schweiz, siedelte er zusammen mit seiner Familie in das später in Highlands umbenannte Dorf in Illinois um, betrieb eine Farm und betätigte sich als Dichter und Komponist.

Bosshard verstarb im Jahr 1877 in seiner neuen Heimat. Zu seinem 100. Geburtstag errichtete seine Heimatgemeinde unterhalb der Seemer Kirche, wo sein abenteuerliches Leben begann, ein Denkmal mit der Widmung: «Dem Patrioten, dem Wanderer und Naturforscher».

Adresse Reformierte Kirche Winterthur, Tösstalstrasse 276, 8405 Winterthur-Seen | **ÖV** Bus 2, Haltestelle Kanzleistrasse | **Tipp** Wer den gesamten Text des Lieds lesen will, findet diesen unter: www.tell.ch/schweiz/sempacherlied.htm. Abenteuerlustige folgen dem Feldweg, der hinter der Kirche beginnt und zum Wald führt. Von der Anhöhe hat man eine herrliche Weitsicht auf die Felder bei Seen.

18 Das Bourbaki-Denkmal

Von Krieg und Frieden

Klirrende Kälte, Schneegestöber und aussichtslose Kämpfe. So muss man sich wohl die Lage der französischen Ost-Armee im Deutsch-Französischen Krieg im Winter 1870/1871 vorstellen. Unter Befehl des Generals Charles Denis Sauter Bourbaki stehend, waren die französischen Truppen beim Rückzug nach Lyon von der preussischen Armee an die Schweizer Grenze abgedrängt und damit vom Lebensmittelnachschub abgeschnitten worden. Nach dem Selbstmordversuch Bourbakis sah sich dessen Nachfolger gezwungen, den Schweizer Bundesrat um die Internierung der erfrierenden und hungernden Soldaten zu bitten.

Am 1. Februar 1871 gegen drei Uhr morgens wurde der Vertrag von Les Verrières unterzeichnet, wonach die französischen Truppen Waffen, Munition und Material an der Grenze abzugeben hatten und der französische Staat die Kosten für die Internierung übernehmen musste.

Ab fünf Uhr morgens überschritten die ersten französischen Truppen die Grenze: 87.000 Männer und 12.000 Pferde gelangten in die Schweiz. Überall, wo die erschöpften Soldaten durchmarschierten, zeigte sich die Bevölkerung grossmütig und hilfsbereit. So auch in Winterthur, wo am 4. Februar gegen 7 Uhr abends das 87. Bataillon mit 970 französischen Soldaten eintraf. Ihnen folgten weitere, teilweise schwer erkrankte Franzosen. Im Februar und März 1871 waren im Stadtzentrum schliesslich ungefähr 2.000 Mann untergebracht. Bis zum Friedensschluss am 26. Februar 1871 und dem Abzug der Truppen am 16. März waren jedoch 47 Angehörige des Bourbaki-Korps in Winterthur verstorben. Sie wurden auf dem städtischen Friedhof Lind bestattet, wo für sie ein Obelisk errichtet wurde, auf dem ihre Namen eingraviert sind. Nach der Aufhebung des Friedhofs wurde der Gedenkstein zum Friedhof Rosenberg gebracht, wo er noch heute steht und an eine der grössten humanitären Hilfsaktionen der Schweiz erinnert.

Adresse Am Rosenweg 5, 8400 Winterthur-Veltheim | **ÖV** Bus 3, Haltestelle Friedhof | **Öffnungszeiten** ganztägig | **Tipp** Auf dem Friedhof Rosenberg gibt es ein Denkmal, das an die Soldaten der zweiten polnischen Schützendivision erinnert, die fast genau 70 Jahre nach dem Deutsch-Französischen Krieg während des Zweiten Weltkriegs in Winterthur interniert waren.

19 Die Burgruine

Winterthur zu Füssen

Die Weitsicht von der Aussichtsplattform der 18 Meter hohen, mitten im Wald gelegenen Burgruine Alt-Wülflingen ist herrlich: Bei schönem Wetter überblickt man fast ganz Winterthur. Zuvor sind allerdings 76 Treppenstufen zu erklimmen. Nicht immer war die Burg in so gutem Zustand: Die Renovation des Turms, bei der die Arbeiter Stein für Stein untersuchten und die Hohlräume der Mauer mit Mörtel auffüllten, dauerte fast fünf Jahre. Nötig wurde diese, weil Wind und Wetter den Mörtel aus den Mauern herauswuschen und sich die innere von der äusseren Mauerschicht getrennt hatte. Das Gebäude drohte deshalb einzustürzen.

Aufgrund der finanziellen Lage der Stadt wurde die Sanierung immer wieder aufgeschoben und der Turm nur notdürftig mit Spannsets und Stahlträgern umspannt. Erst 2013 begann die Renovation, die viel menschlichen Einsatz erforderte: Zeitweise waren drei bis fünf Arbeiter am Werk. Die Sanierung verschlang auch viele finanzielle Ressourcen. Rund 2,1 Millionen Franken kostete die Rundum-Erneuerung der Ruine, die zur Hälfte mit Geldern aus dem Denkmalpflegefonds des Kantons Zürich gespiesen wurde. Im September 2018 wurde der Turm endlich wieder eröffnet.

Dass das historische Gemäuer überhaupt gerettet wurde, hat tiefere Gründe: Es ist ein «Kulturgut von nationaler Bedeutung». Urkundlich erwähnt wurde die Burg Alt-Wülflingen erstmals 897. In ihrer über tausendjährigen Geschichte wechselte sie viele Male die Hand und gehörte ab 1239 einige Zeit den Habsburgern, die auch den heute noch erhaltenen Turm bauten. Alle anderen Gebäude sind zwar verschwunden, ihre Spuren kann man aber noch erkennen. Beispielsweise die des ehemaligen Wohntrakts. Die Steine der verfallenden Burggebäude wurden von den jeweiligen Besitzern genutzt, um in der Umgebung andere Bauten zu errichten. Etwa das Schloss Wülflingen, in dem sich heute ein Restaurant befindet.

Adresse Aufstieg über die Bahnstrasse, 8408 Wülflingen über das Totentäli | **ÖV** Bus 7, S 41, Haltestelle Bahnhof Wülflingen | **Tipp** Im Restaurant Schloss Wülflingen kann man im Sommer den Abend auf der Terrasse des Schlosses bei einem Glas Wein ausklingen lassen. Die historischen Räumlichkeiten im Innern sind ebenfalls einen Besuch wert.

20 Das Buswartehäuschen

Endstation

Es scheint aus der Zeit gefallen zu sein, das Buswartehäuschen, welches an der Vogelsangstrasse bei der Storchenbrücke steht. Als ob die Stadtverwaltung das filigran wirkende Gebäude aus den 50er Jahren aus den Augen verloren, vergessen und dann einfach stehen gelassen hätte. Dieser erste Eindruck täuscht, denn in Wirklichkeit ist das Bushäuschen seit 2009 denkmalgeschützt. Es ist das letzte dieser Art und wurde gebaut, als die Winterthurer Stadtverwaltung die bis dahin bestehenden Tramlinien nacheinander stilllegte und zwischen 1938 und 1951 auf dem gesamten Stadtgebiet Trolleybusse einführte.

Verantwortlich für den Ausbau der Trolleybus-Infrastruktur war der damalige Winterthurer Stadtbaumeister und Architekt Arthur Reinhardt, der in seiner Amtszeit von 1941 bis 1960 den Baustil dieser Miniatur-Wartehallen wesentlich mitprägte. «Neues Bauen» nannte sich dieser seltsam schmucklose Stil, in dem zwischen 1949 und 1953 Buswartehäuschen in der ganzen Stadt errichtet wurden. Das «Neue Bauen» zeichnete sich hauptsächlich dadurch aus, dass man einfache Formen verwendete, auf Dekorationen verzichtete, Materialien wie Glas, Stahl und Beton einsetzte und kostengünstige Methoden nutzte wie grosse Glasraster oder vorgefertigte Bauteile.

Diese Elemente sind auch beim Bushäuschen bei der Storchenbrücke vorzufinden. Zum Beispiel in den weit herausragenden, dünnen Betonwänden oder den vorfabrizierten, mit Glas ausgekleideten Betongitterwänden. Bis in die frühen 2010er Jahre gab es auf Winterthurer Stadtgebiet noch zwei weitere solcher Bus-Wartehäuschen: Eines davon musste 2010 einer Strassenverbreiterung in Seen bei der Kanzleistrasse weichen. Ein anderes wurde in Zinzikon bei Oberwinterthur 2013 demontiert, weil es in die Jahre gekommen war und den steigenden Ansprüchen der Fahrgäste nicht mehr genügte.

Adresse Vogelsangstrasse, 8400 Winterthur | **ÖV** Bus 4, 11, Haltestelle Storchenbrücke | **Tipp** Ein älteres Bushäuschen befindet sich beim Friedhof Rosenberg. Es stammt aus dem Jahr 1934 und wurde, drei Jahre nachdem die Buslinie vom Bahnhof zum Friedhof in Betrieb genommen wurde, erbaut. Seither hat sich am Gebäude nichts verändert. So sind die Toiletten immer noch mit «Abort» angeschrieben.

21 Das Cameo

Die Kinokiste

Alfred Hitchcock machte sich einen regelrechten Spass daraus, in seinen Filmen durchs Bild zu flitzen. «Cameo» nennen sich solche Kurzauftritte berühmter Stars. So heisst auch das unabhängige Kino im ehemaligen Sulzer-Areal. Wären da nicht die Vitrine mit dem aktuellen Filmprogramm und der neonfarbene «Cameo»-Schriftzug auf der übersehen, dass sich darin ein Kino befindet: Der Kubus wirkt, als hätte jemand einen überdimensionierten Koffer unter dem Industriedach beim Lagerplatz hingestellt und vergessen. Tatsächlich gehörte dieser Unterstand zur Halle 192, die von der Firma Sulzer zur Einlagerung von Betriebsmaterialien genutzt wurde. Beim Umbau zum Kino wurde die Dachkonstruktion fast vollständig im Originalzustand belassen.

Auch im Innern des Cameo finden sich alte Fundstücke, denen neues Leben eingehaucht wurde. Etwa goldene Wandleuchten in der Bar, die aus dem abgerissenen Kino Talgarten stammen, oder alte industrielle Deckenleuchten, die der Architekt im Unterstand entdeckte, wo sich heute der Kinokomplex befindet. Die bescheidene Gebäudefläche wurde bis auf den letzten Zentimeter ausgenutzt, so dass nebst der Bar ein Kinosaal mit insgesamt 84 Sitzplätzen, der angrenzende Projektionsraum und mehrere darunter liegende Toiletten Platz fanden. Die in warmen Brauntönen möblierte Bar mit Eichenriemenboden ist jeweils eine Stunde vor Filmbeginn geöffnet.

Seit dem Kinostart im Oktober 2015 sorgt ein Team von rund 40 Freiwilligen in der «Kinokiste» dafür, dass niemand vor und nach der Filmvorführung durstig bleibt. Wer vor Filmstart noch etwas essen will, findet auf dem Lagerplatz dazu Gelegenheit. Das Kinoprogramm ist so vielfältig wie das Publikum: Gezeigt werden hauptsächlich Filmreihen neuerer und älterer Werke der Filmgeschichte sowie Premieren – meist in Originalvertonung mit deutschen Untertiteln.

Adresse Lagerplatz 19, 8400 Winterthur, Tel. 052/2121169 | **ÖV** Bus 1, 5, 7, 660, Haltestelle Loki oder Bus 4, 11, Haltestelle Wylandbrücke | **Öffnungszeiten** Bar Mo, Di, Do – Sa 17 – 22.30 Uhr, Fr 11.30 – 14 Uhr, So 10 – 13 Uhr, www.kinocameo.ch | **Tipp** Mit dem Kino Nische gibt es in Winterthur ein weiteres alternatives Kino, das sich im Kulturzentrum Gaswerk befindet. www.kinonische.ch

22 Das Dampfzentrum

Es dampft und zischt

Wo einst Schiffe gebaut und riesige Bleche zusammengeschweisst wurden, dampft, quietscht und zischt es seit 2012 wieder wie zur Industrialisierungs-Gründerzeit. Die Dampfmaschinen, die in der ehemaligen Sulzer-Industriehalle untergebracht sind, stammen aus den Jahren 1859 bis 1970 und wurden von Freiwilligen liebevoll renoviert. Ob Schiffsmaschine, Baumaschine, Lokomotive oder Dampfmaschine zur Stromerzeugung: In der rund 600 Tonnen schweren Ausstellung gibt es fast keinen Wirtschaftsbereich, der nicht vertreten ist.

Einige der ausgestellten Exponate wurden sogar in Winterthur fabriziert und genutzt. Etwa die vom Zahn der Zeit gezeichnete dunkelgrüne SLM-Werkslokomotive, die bis ins Jahr 1972 im ehemaligen Sulzer-Areal Waren hin- und hertransportierte. Am meisten fasziniert aber die riesige schwarz lackierte Drei-Zylinder-Verbundmaschine von Sulzer mit der Fabrikationsnummer 1104 und den tiefen Einschusslöchern aus dem Ersten oder Zweiten Weltkrieg. Im Jahr 1889 an der Pariser Weltausstellung erstmals gezeigt, sorgte sie dort zusammen mit dem soeben eröffneten Eiffelturm für anhaltende Begeisterungsstürme. Nebst den Schweizer Fabrikaten sind im Dampfzentrum auch viele ausländische Maschinen zu sehen, wie der Eimerkettenbagger eines Mannheimer Schiffs- und Maschinenbauherstellers aus dem Jahr 1900, mit dem die Thuner Schifffahrtsgesellschaft Kies aus dem See förderte.

Der baulichen Eleganz der Dampfmaschinen kann sich kaum jemand entziehen. Besonderen Charme haben die Tropf-Ölhalterungen auf den Anlagen, die wie winzige Laternen aussehen und mit ihrem Stift-Mechanismus dafür sorgen, dass alle Maschinenteile geölt sind. Was es in der alten Industriehalle im Grossen zu bestaunen gibt, wird auch im Kleinen gezeigt, denn zur Sammlung gehören rund 80 Miniatur-Dampfmaschinen, an denen man genau erkennt, wie die verschiedenen Maschinenteile zusammenspielen.

Adresse Lagerplatz 27, Halle 181, 8400 Winterthur, Tel. 032/5117408, www.dampfzentrum.ch | **ÖV** Bus 1, 5, 7, Haltestelle Loki | **Öffnungszeiten** öffentliche Führungen jeden 2. und 4. Sa im Monat um 10 sowie um 11.30 Uhr | **Tipp** Wer Profis beim Instandsetzen alter Dampfmaschinen über die Schulter schauen möchte, kann das mittwochs an öffentlichen Arbeitstagen zwischen 9 und 17 Uhr tun.

23 Der Delphinplatz

Sehnsucht nach Wasser

Dass es in Winterthur keinen See und keinen grösseren Badefluss gibt, ist vielen Bewohnern schmerzlich bewusst. Vielleicht war es die Sehnsucht nach dem Wasser, die Michael Rudolf Wening, einen an der Kunstabteilung des Winterthurer Technikums ausgebildeten Bildhauer, 1956 veranlasste, einen bronzenen Delphin-Trinkbrunnen inmitten der dreieckigen Veltheimer Grünanlage zu platzieren. Ein Platz, der sich an der Ecke Feldstrasse und Juchstrasse befindet und der mutmasslich aus den 1920er Jahren stammt, in denen das Veltheimer Quartier ausgebaut wurde.

Der etwas kitschig wirkende und auf einem Granitstein platzierte wasserspeiende Delphin gilt als Namensgeber des Parks. Auf diesem Stein stand er schon, bevor der angrenzende Bahnübergang bei der Löwenstrasse aufgehoben wurde. Diese Bautätigkeit beeinträchtigte das Erscheinungsbild der Parkanlage und bewog die Stadtverwaltung, den Platz im Jahr 2002 umzugestalten. Die Mittel für die Verschönerung entstammten dem Robert-Keller-Fonds, der die «bauliche und gärtnerische Gestaltung im Stadtquartier Veltheim» zum Ziel hat.

Auch nachdem die Arbeiten abgeschlossen waren, blieb der Wasserspeier als Mittelpunkt des Platzes erhalten. Um dem namensgebenden Delphin besser gerecht zu werden, hatte sich die Stadt etwas Besonderes einfallen lassen: Eine surreal wirkende, meterhohe und himmelblau eingefärbte Betonwand mit ausgestanzten springenden Delphinen schirmt nun die Anwohner an der Längsseite des Parks vom Zuglärm ab. Ob man Delphine mag oder nicht: Der Park ist bei den Anwohnern sehr beliebt. So nutzen eingefleischte Pétanque-Spieler an warmen Sommertagen die feinkiesige Fläche, um im Schatten der Bäume ihrem Lieblingssport nachzugehen. Währenddessen erfreuen sich die Kinder am wasserspeienden Delphin, klettern über die daneben platzierten Steine oder tollen auf der englischen Rasenfläche herum.

Adresse 8400 Winterthur-Veltheim | ÖV Bus 2, 2E, Haltestelle Hinterwiesli | Tipp Von hier ist es nicht weit bis zum alten Dorfkern Veltheims mit den teils erhaltenen historischen Gebäuden und alternativen Lokalen.

24 Das Denkmal Jonas Furrers

Geburtshelfer einer jungen Nation

Der Mann auf dem Denkmalsockel bei der Merkurstrasse hat Patina angesetzt und blickt sorgenvoll von oben herab. Dazu hat er allen Grund, denn Jonas Furrer, erster und mehrfach wiedergewählter Schweizer Bundespräsident und Bundesrat, hatte sich zeitlebens vielen politischen Herausforderungen zu stellen.

Obwohl seine Herkunft als Sohn eines Schlossermeisters nicht auf eine fulminante Karriere hoffen liess, studiert der am 3. März 1804 an der Steinberggasse geborene Furrer Rechtswissenschaften und arbeitet als Rechtsanwalt. Er ist ein Liberaler und will die Rechte und Freiheiten der Bürger neu ordnen. Dazu wird er 1842/43 an die Tagsatzung berufen, welche die Eidgenossenschaft neu gestalten soll. Als sich einige Orte den Tagsatzungsbeschlüssen widersetzen, macht sich Furrer für die bewaffnete Durchsetzung stark. Nach dieser innenpolitischen Krise arbeitet Furrer an der Bundesverfassung, die das Stimmvolk 1848 mit grosser Mehrheit annimmt. Im selben Jahr finden erstmals Bundesratswahlen statt, bei denen Jonas Furrer zum Bundesrat und Bundespräsidenten der Schweiz gewählt wird.

Mit dieser Regierungsform ist die Schweiz ein europäischer Exot, denn alle anderen Länder werden von Monarchen und Kaisern regiert wie Friedrich Wilhelm IV. von Preussen, Vittorio Emanuele oder Napoleon III. Diese sehen in republikanischen Staatsformen vor allem eine Gefahr. Furrer muss deshalb mehrmals aussenpolitisch agieren: etwa als Preussen den Einmarsch androht, weil sich die Bürger von Neuenburg, das damals ein preussisches Fürstentum und zugleich ein Schweizer Kanton ist, zuvor per Abstimmung vom König losgesagt haben. Furrer wendet Schlimmeres ab, indem er den unterlegenen Royalisten Amnestie gewährt. Der ständige Druck schwächt seine Gesundheit jedoch zunehmend. Furrer stirbt am 25. Juli 1861 während einer Kur in Bad Ragaz an den Folgen einer Lungenentzündung.

Adresse Ecke Merkurstrasse/Theaterstrasse, 8400 Winterthur | ÖV alle Stadtbusse, Haltestelle Bahnhof, 2 Minuten Gehweg | Tipp Das Geburtshaus von Jonas Furrer befindet sich an der Steinberggasse 18. Dort erinnert eine Gedenktafel oberhalb des Claro-Weltladens mit der Aufschrift «Geburtshaus Dr. Jonas Furrer, Erster Schweizer Bundespräsident 1805 – 1861» an den Politiker.

25 Die Drehscheibe

In der Lokstadt

Winterthur ist im Wandel. Es wird gebaut, abgerissen und neu gebaut: So auch bei der Kesselschmiede auf dem ehemaligen Firmenareal des heutigen Grosskonzerns Sulzer, wo einst Lokomotiven mit wohlklingenden Namen wie «Krokodil» oder «roter Pfeil» die Montagehallen der Schweizerischen Lokomotiv- und Maschinenfabrik (SLM) verliessen. Wo jahrzehntelang gehämmert, geschweisst und gebohrt wurde, befindet sich heute eine Baustelle: Dort entsteht in Kürze ein neues Wohn- und Arbeitsviertel mit einem hundert Meter hohen Hochhaus und mehreren Gebäuden, die fast alle nach geschichtsträchtigen Lokomotiven benannt wurden und damit an die Industriegeschichte Winterthurs erinnern.

Bis 2026 alles fertig gebaut ist, wird die Sicht auf das dahinterliegende Geschehen wohl verborgen bleiben. Von der Industriegeschichte zeugt an diesem Ort lediglich noch eine Drehscheibe, mit der die fertiggestellten Lokomotiven aus der Montagehalle rangiert wurden. Der Backsteinbau in Form einer Bahnhofshalle musste dagegen weichen.

Trotz dieser «Bauzwischenphase» lässt sich das Leben hier nicht aufhalten: Im Sommer lugen violette Malven unter der Drehscheibe zwischen den Gleisen hervor und strecken ihre Blüten der Sonne entgegen, während ein türkisgrüner zum Café umfunktionierter Drittklasse-Bahnwagen der Bellinzona-Mesocco-Bahn aus dem Jahr 1907 darauf steht. Die kleine Café-Bar und Gelateria «B51» lockt mit verschiedenen Spezialitäten. Etwa Eissorten aus der hauseigenen Manufaktur wie Sanddorn, Wildpflaume, Sanddorn, Basilikum Ingwer oder Chili. Auch Kaffeeliebhaber kommen mit frisch geröstetem Kaffee aus Ländern wie Äthiopien, Nicaragua, Indien oder Brasilien auf ihre Kosten. Wofür auch immer man sich entscheidet: Man sollte es sich auf den Sitzgelegenheiten beim Bahnwagen gemütlich machen und das eifrige Kommen und Gehen der Werktätigen beobachten.

Adresse Drehscheibenplatz, 8406 Winterthur | ÖV Bus 1,5,7, Haltestelle Sulzer | Öffnungszeiten Mo–Fr 12–17 Uhr | Tipp Derzeit entsteht hier ein neues Stadtviertel und damit neue Ausgehmöglichkeiten, Läden und Treffpunkte. Wiederholt vorbeizukommen lohnt sich daher.

26 Entlang des Tössufers

Töss – Sennhof – Seen

Bis vor Kurzem war die «wilde Töss» in einem engen Kanal eingesperrt. Auf ihrer ganzen Länge kanalisierten und begradigten die Winterthurer das ihnen unheimlich erscheinende Gewässer, welches immer wieder zu verheerenden Überschwemmungen geführt hatte: wie jene im Jahr 1876, die einen grossen Teil des Dorfs Töss zerstörte. Die Angst vor dem Wasser trieb die Menschen dazu, die Töss immer mehr «auszubremsen». Ende des 19. Jahrhunderts baute die Stadtverwaltung deshalb viele Schwellen in ihrem Flussverlauf ein. Ein Ende der Begradigungsbegeisterung zeichnete sich erst ein Jahrhundert später ab, als die hölzernen Schwellen baufällig geworden waren. Sie alle zu ersetzen, erwies sich als aufwendig und teuer. Statt in eine überholte Technik zu investieren, hat die Stadt Winterthur die Holzschwellen ab 1999 auf einem Teilstück zwischen Sennhof und Töss entfernt und den Flussverlauf renaturiert.

Folgt man dem Wanderweg ab Töss, lässt sich dieser Gesinnungswandel deutlich verfolgen, denn dort sind die künstlichen Uferverbauungen und die vielen Flussschwellen noch vorhanden und deutlich erkennbar. Erst nach einem rund halbstündigen Fussmarsch wird die Töss «natürlicher». Hier wandert man auf schmalen Pfaden an zahlreichen Kiesbänken, Wasserauen und ausgewaschenen Steilufern vorbei.

Mit der Wiederherstellung dieser natürlichen Lebensräume soll sich der Fluss selbst regulieren: So entstehen durch die wiederkehrenden Hochwasser und durch die Erosion Nischen für seltene Tierarten, wie die Geburtshelferkröte oder den Eisvogel, den man hin und wieder vom Ufer aus erblickt, wenn er wie ein blauer Pfeil über die Töss hinwegflitzt. Auch Fische sollen sich dort vermehrt ansiedeln, was die Schwellen bisher erschwert hatten, da sie für die Tiere nur schwer überwindbar sind. Eine Idylle, die nur durch lärmende und Abfall hinterlassende Menschen gestört wird.

Adresse Klosterstrasse, 8406 Winterthur | ÖV Bus 1, Haltestelle Töss, Wanderweg Richtung Reitplatz und Sennhof, dann nach Seen folgen | Tipp Man kann der Töss auf beiden Flussuferseiten entlanggehen, auf der einen Seite auf einem Trampelpfad, auf der anderen auf einem breiteren Waldweg. Etwa auf halber Wegstrecke führt ein Wanderweg zur Kyburg, dem dazugehörigen Museum sowie dem gleichnamigen Weiler, wo man verschiedene Einkehrmöglichkeiten hat.

27 Der Eschenbergturm

Von oben herab

«Eiffelturm» nennen die Winterthurer ihren 30 Meter hohen Stahlfachwerkturm, der sich auf 591 Metern über Meer im Süden Winterthurs inmitten einer Waldlichtung auf dem höchsten Punkt des Eschenbergs befindet. Zwar mag der Winterthurer Namensvetter ungefähr zehnmal kleiner ausgefallen sein als das Pariser Wahrzeichen, dennoch sind beide Aussichtspunkte etwa zur gleichen Zeit entstanden: So wurde der Eschenbergturm nur wenige Monate nach dem Pariser Eiffelturm im August 1889 in Winterthur eingeweiht. Vermutlich mit weniger Pomp, wohl aber mit demselben Stolz, denn mit der Errichtung dieses Bauwerks durfte sich Winterthur zur damaligen Turm-Architektur-Avantgarde der Schweiz zählen.

Wer sich unter den Eschenbergturm stellt und hochguckt, bemerkt die Ähnlichkeiten beider Türme, deren Pfeiler in vergleichbarer Weise emporstreben. Ob Herr Eiffel beim Planungsbüro der Maschinenfabrik Bosshard aus Näfels abgeschaut hat oder die Näfelser Planer bei Herrn Eiffel, weiss keiner. Um die 30 Meter vom Boden bis zur Aussichtsplattform des Eschenbergturms zu bewältigen, muss man Ausdauer haben und schwindelfrei sein, denn es gilt, 167 Treppenstufen über sieben Zwischenpodeste zu erklimmen. Oben auf der Plattform angelangt, reicht der Blick im Norden nach Oberwinterthur, im Süden zum Schloss Kyburg und bei klarer Sicht in den Schwarzwald sowie vom Säntis bis zum Tschingelhorn.

Wer die Gegend nicht nur überschauen, sondern erwandern will, kann das tun, indem er einem der zahlreichen Wanderwege folgt, die über den Eschenberg führen. So gelangen Spaziergänger innerhalb von 15 Minuten vom höchsten Punkt des Eschenbergs zum rege besuchten Tierpark «Bruderhaus», zum idyllisch gelegenen Restaurant Eschenberg oder zur gleichnamigen Sternwarte. Den Aussichtsturm erreicht man von der Busstation Breite, indem man dem gelb ausgeschilderten Wanderweg folgt.

Adresse Eschenbergstrasse, 8400 Winterthur | **ÖV** Bus 4, Haltestelle Breite, Bus 12, Haltestelle Bruderhaus (nur März–Okt., bitte nach Fahrplan erkundigen) | **Tipp** Beim Eschenbergturm befinden sich mehrere Grillstellen und Sitzgelegenheiten. Wer sich lieber im Restaurant verpflegen will, hat beim Tierpark Bruderhaus, beim Restaurant Eschenberg oder bei der Busstation Breite die Gelegenheit dazu.

28 Das FC-Barcelona-Haus

Ein Winterthurer gründet einen Fussballclub

Die Erfolgsgeschichte des FC Barcelona beginnt am 22. November 1877 um halb acht Uhr morgens in einem vornehmen Eckhaus an der Jakobstrasse 7 in Winterthur, wo der FCB-Gründer Hans Max Gamper als Sohn eines geschäftstüchtigen Kaufmanns geboren wird. Noch heute erinnert eine verwitterte Tafel an der Fassade an Gampers Werdegang.

In Winterthur verbringt Gamper nur die ersten Lebensmonate, bevor die Familie nach Langenthal und später nach Zürich umzieht, wo Gamper eine kaufmännische Lehre beim Seidengeschäft Grieder absolviert. Der jugendliche Hans Max ist ein Ausnahmesportler. Ob Rennradfahren, Leichtathletik oder Fussball: Was er anpackt, trägt Früchte. Von allen Sportarten prägt ihn der Fussball aber am meisten. So gründet er 1896, knapp 18-jährig, zusammen mit drei weiteren Jugendlichen den FC Zürich, wo er 1896/1897 aktiv mitspielt. Ein Jahr später verlässt Gamper die Schweiz und zieht nach Barcelona zu Verwandten. Dort arbeitet er fortan als Buchhalter und Sportkolumnist und handelt mit Zucker und Kaffee. Trotz beruflich ausgefüllter Tage scheint er sich etwas gelangweilt zu haben, denn am 22. Oktober 1899 schaltet Gamper in den «Sportnotizen» einer lokalen Zeitung eine Anzeige, um Mitglieder für seinen neuen Fussballclub, den künftigen FC Barcelona, zu gewinnen. Einen Monat später erfolgt die Club-Gründung. Zeitgleich wird Gamper erster Kapitän des neuen FC Barcelona, für den er zwischen 1899 und 1903 in 51 Spielen 120 Tore schiesst. Das macht ihn zu einem der erfolgreichsten Fussballspieler aller Zeiten. Bis heute hält er den Torrekord beim FC Barcelona.

Nach seiner aktiven Fussballzeit wird Gamper noch fünf Mal zum Präsidenten des Fussballclubs gewählt. Dann holt ihn die Wirtschaftskrise ein: Beim New Yorker Börsencrash von 1929 verliert er sein ganzes Vermögen und erschiesst sich infolgedessen am 30. Juli 1930 in seinem Haus in Barcelona.

Adresse Jakobstrasse 7, 8400 Winterthur | ÖV Bus 3, 10, Haltestelle Bezirksgebäude | Öffnungszeiten in privatem Besitz, das Betreten des Grundstücks ist untersagt | Tipp Wer sich für Fussball interessiert, sollte sich die Spiele des FC Winterthur, der unter den Winterthurern zahlreiche Anhänger hat, auf der Schützenwiese nicht entgehen lassen. www.fcwinterthur.ch

29 Der Fluchttunnel

Überlebensstrategien

Es war keine Überreaktion, als der Winterthurer Stadtrat im September 1943 den Altstadtbewohnern aufgrund der bedrohlicher werdenden Kriegssituation die Anweisung erteilte, alle Altstadtkeller durch Tunnel miteinander zu verbinden: Im Falle eines Luft- oder Giftgasangriffs sollten sich die Winterthurer über diese unterirdischen Wege in Sicherheit bringen.

Der Gedanke eines Luftangriffs war nicht abwegig, denn die Alliierten hatten in den Kriegsjahren zuvor verschiedene Schweizer Städte gleich mehrfach bombardiert. Die Flugzeugpiloten hätten Navigationsfehler gemacht, lautete die offizielle Verlautbarung nach Kriegsende. Ein schwacher Trost für die Betroffenen und deren Angehörige, denn infolge der englischen und amerikanischen Bombenabwürfe starben zwischen 1939 und 1945 ungefähr 84 Menschen in der Schweiz.

Getroffen wurde Basel in der Nacht vom 18. Dezember 1940, nur wenige Tage später wurde am 23. Dezember das Wipkinger Eisenbahnviadukt durch Bombenabwürfe zerstört. Am 17. Mai 1943 wurde Oerlikon bombardiert, 1944 und 1945 fielen weitere Bomben über Schaffhausen, Thayngen, Stein am Rhein, Le Noirmont, auf dem Zürcher Gebiet der Landwirtschaftsschule Strickhof und erneut in Basel.

Zwar blieb Winterthur von solchen Bombardierungen verschont, und das Fluchtkonzept des Stadtrats musste nie umgesetzt werden – die Spuren der Kriegswirren sind aber in vielen Altstadthäusern erhalten geblieben. Etwa in der Stadtbibliothek, die sich im Haus «Zum Blumengarten» bei der Stadtkirche Sankt Laurentius befindet. Steigt man über die Treppe ins Untergeschoss hinab, stösst man an der Wand auf einen orange markierten Durchbruch, der inzwischen wieder zugemauert wurde. Darüber steht in Rot «Yeah, Yeah, Yeah» geschrieben, ein Überbleibsel aus den 80er Jahren, als das Haus von Jugendlichen illegal besetzt worden war.

Adresse Stadtbibliothek, Obere Kirchgasse 6, 8400 Winterthur, Tel. 052/2675148 | **ÖV** Bus 1, 3, 5, 10, 14, Haltestelle Schmidgasse | **Öffnungszeiten** Mo–Fr 9–18.30 Uhr, Sa 9–17 Uhr | **Tipp** In der Winterthurer Stadtbibliothek finden regelmässig Veranstaltungen statt, bei denen Wissen auf unterhaltsame Weise vermittelt wird. Zum Beispiel an Buchvernissagen, geschichtlichen Vorträgen oder bei interkulturellen Gesprächstreffs.

30 Das Forum Architektur

Architektonischer Gegenwind

Wäre es nach den ursprünglichen Plänen der Firma Sulzer aus dem Jahr 1989 gegangen, sähe das 150.000 Quadratmeter grosse Sulzer-Areal heute ganz anders aus. Anstelle eines Nebeneinanders von Neu und Alt stünde dort kein Stein mehr auf dem anderen. «Winti-Nova» hiess das Bauprojekt, das die Zerstörung der historischen Industriearchitektur vorsah und in der Bevölkerung für einen Aufschrei der Empörung sorgte. Das veranlasste die Stadt Winterthur, alle Beteiligten in einem Diskussionsforum zusammenzubringen, wo die Betroffenen ihre Wünsche und Bedürfnisse einbringen konnten. Aus diesen Zusammenkünften entstand ein Arbeitspapier, auf dessen Grundlage die Firma Sulzer einen Architekturwettbewerb ausschrieb. Diesen gewann der Pariser Architekt Jean Nouvel 1992 mit seinem Projekt «Megalou». 150 Millionen Franken hätte die erste Bauetappe des Grossprojekts gekostet, um dort ein Einkaufscenter zu errichten, wo heute der «Superblock» steht. Das fehlende Interesse der Investoren brachte «Megalou» 2001 jedoch zu Fall. Statt eines Grossprojekts entstanden auf dem Sulzer-Areal nun viele unterschiedliche Gebäude.

Dass Teile des ehemaligen Industrieareals seit 2003 unter Denkmalschutz stehen – wie die Grossgiesserei am Katharina-Sulzer-Platz, eine Lokmontagehalle aus Holz, das Kesselhaus oder die Backsteinhäuser an der Zürcherstrasse –, ist auch ein Verdienst des Forums Architektur Winterthur, das mit dem Ziel gegründet wurde, die historische Industriearchitektur zu bewahren.

Zwar mögen inzwischen viele Fragen zur Gestaltung des Sulzer-Areals geklärt sein, Architektur gibt aber immer zu reden. Und das ist in den Ausstellungsräumlichkeiten des Forums Architektur Winterthur an der Zürcherstrasse 43 weiterhin möglich. Nebst wechselnden Ausstellungen sind dort Modelle des alten Sulzer-Areals sowie der Projekte «Winti-Nova» und «Megalou» zu besichtigen.

Adresse Zürcherstrasse 43, 8400 Winterthur, www.forum-architektur.ch | ÖV Bus 1, 5, 7, Haltestelle Loki | Öffnungszeiten bitte Website konsultieren | Tipp Ein Spaziergang durch die ehemals «verbotene Sulzer-Stadt» lohnt sich, denn hier entsteht ein brandneues Stadtquartier mit entsprechenden Ausgehmöglichkeiten, Bars und Restaurants.

31 Der Friedliweg

Eine Jugendliebe

Hinter vielen Strassennamen verbirgt sich eine spannende, heitere oder traurige Geschichte. So auch beim Friedliweg, der sich unterhalb des Schulhauses Rebwiesen in Töss befindet. Doch wer war Friedli? «Friedli Stahr, Pseudonym für Ida Elise Steinemann, 1859–1876, Jugendliebe von Jakob Christoph Heer» ist in weissen Lettern auf dem dunkelblauen Strassenschild zu lesen.

In seinem autobiografischen Roman «Joggeli» berichtet J. C. Heer (siehe Ort 45) in der Figur des Jakob Sturm über die tragischen Umstände, unter denen seine Jugendfreundin Ida ums Leben kommt. Als Tochter eines Rieter-Prokuristen verbringt diese ihre frühen Kindheitsjahre zusammen mit ihrem Bruder in behüteten Verhältnissen in einem Herrschaftshaus in Töss.

Als Idas Vater stirbt, muss die Familie in eine bescheidenere Wohnung nach Wülflingen umziehen. Jakob und Ida verlieren sich aus den Augen. Erst Jahre später, als sich Idas Mutter vom Stiefvater scheiden lässt, besucht Ida ihren Jakob auf dem Weg ins Welschland, wo sie die schwierige Scheidungszeit zu überstehen hofft. Die beiden kommen sich näher. Es folgt ein erster Kuss, der zugleich ihr letzter bleibt.

Im Welschland angekommen, packt die 17-jährige Ida bereits nach kurzer Zeit das Heimweh. Trotz Fieber macht sie sich auf den Heimweg und bricht unterwegs zusammen. Schwer krank zu Hause angekommen, stirbt sie kurze Zeit später.

Auf dem ehemaligen Friedhof in Wülflingen, zwischen der reformierten Kirche beim Lindenplatz und dem Pfarrhaus, erinnert ein Grabstein an das kurze Leben von Ida: Er trägt die Inschrift: «Friedli – solange mir durch die Heimat zu wandeln verliehen ist, sollst du mit mir wandeln. J. C. Heer seiner Jugendfreundin im ›Joggeli‹». Er hat ihr nicht zu viel versprochen, geht der Friedliweg doch nahtlos in die J.-C.-Heer-Strasse über. War ihr gemeinsames Glück auf Erden nur kurz, verbindet sie nun zumindest ein Strassenzug.

Adresse Friedliweg, Ecke Emil-Klöti-Strasse, 8406 Winterthur-Töss | ÖV Bus 7, Haltestelle Friedliweg | Tipp Friedlis unauffälliger, kitschiger Grabstein mit einem Kreuz, von dem ein Anker hängt, befindet sich auf dem efeuüberwachsenen Platz unter den Bäumen am reformierten Pfarrhaus beim Lindenplatz.

32 Die Frisbee-Anlage

Fliegende Scheiben

Bei schönem Wetter fliegen sie im Winterthurer Naherholungsgebiet Grüzefeld Allmend besonders scharf, die Wurfscheiben der Frisbee-Freizeitsportler. Es ist jedoch ein friedliches Nebeneinander mit Spaziergängern, Joggern, Velofahrern, Hundehaltern, Eltern mit Kleinkindern sowie Anwohnern und Schrebergärtnern: Beim Scheibenwerfen kommen sich Sportler und übrige Parkbenutzer kaum in die Quere.

Inmitten des Baubooms der 60er Jahre wurde das Areal vom Winterthurer Stadtrat zur Naherholungszone erklärt und anlässlich des Eidgenössischen Turnfests im Jahr 1984 zum öffentlichen Park umgestaltet. Seit dem Jahr 1990 hat sich der Grüzefeld-Park zu einer veritablen Pilgerstätte der Schweizer Scheibenwurf-Fans entwickelt, als im vorderen Teil bei der Grüzenstrasse der erste schweizerische Frisbee-Parcours entstand. An insgesamt neun Stationen können sich Scheibenwerfer seither auf der grünen Wiese miteinander messen und verschiedene Wurfarten ausprobieren. Egal, ob Turnierspieler oder Anfänger: Die kostenlos zugängliche Frisbee-Anlage eignet sich gleichermassen für Profis, die trainieren, sowie für Anfänger, die sich im Werfen üben. Die Anweisungen bei jeder Station ermöglichen es, sich mit den Parcoursregeln schnell vertraut zu machen, wobei das Ziel jedes Rundgangs ist, den Frisbee von der gekiesten Abwurfzone mit möglichst wenigen Würfen in die dafür vorgesehenen und mit groben Fangketten versehenen Körbe zu befördern. Weitergespielt wird von dort, wo die Scheibe liegen geblieben ist. Das Ganze gleicht einem Golfspiel mit Wurfscheiben.

Im Gegensatz zum Golf müssen Sportbegeisterte beim Frisbeespielen keine Grossinvestitionen tätigen. Um ihr Wurfgeschick zu testen, brauchen Spieler nur eine minimale Ausrüstung: eine ungefähr 150 Gramm schwere Weitwurfscheibe, eine ebensolche für Annäherungswürfe sowie eine für Korbwürfe.

Adresse Grüzefeldstrasse 63, 8404 Oberwinterthur | **ÖV** Bus 3, Haltestelle Etzberg | **Tipp** Ein weiterer Disc-Parcours befindet sich beim Reitplatz bei Winterthur-Töss. www.zum-reitplatz.ch

33 Die G48 Brauerei

Mitten im Wohngebiet

Bis vor 30 Jahren beherrschten einige Grossanbieter den Schweizer Biermarkt – man konnte nur wenige Sorten bekannter Marken kaufen. Erst der Niedergang des Bierkartells ebnete 1991 kleineren, unabhängigen Bierproduzent den Weg und führte zu einer wachsenden Biervielfalt. Seither ist die Zahl der Bierbrauereien von 32 auf 1.280 angewachsen. Damit bricht die Schweiz alle Rekorde: Sie hat die weltweit höchste Brauereidichte.

Auch in Winterthur ist das zu bemerken: Gemäss eidgenössischer Zollverwaltung sind auf dem Stadtgebiet rund 15 Brauereien tätig. Darunter bekannte wie «Stadtguet», «Chopfab Boxer» oder «Euelbräu», aber auch Betriebe wie die kleine «Forschungsbrauerei G48» an der Pionierstrasse 10 im Sulzer-Areal. Eingequetscht zwischen mehreren Wohneinheiten und Geschäftseinheiten braut Peter Dürsteler seit 2002 auf sieben Quadratmetern im Erdgeschoss an der Pionierstrasse Bier. Mit zwei Brauanlagen produziert er jährlich 500 bis 1.000 Flaschen an «flüssiger Nahrung», die er zusammen mit seiner Frau Yvonne und seinem Sohn Karl abfüllt.

Rund sechs unterschiedliche Biere hat Dürsteler aktuell im Sortiment, das je nach Experimentierlaune wechselt. Seine neueste Spezialität? Ein «Low Energy Ale», ein dunkles Bier, das er in «energiesparsamem» Verfahren herstellt. Weitere Spezialitäten sind saure Früchtebiere, das nordfranzösische «Bière de Garde» und belgische Starkbiere. Die Biere der «Forschungsbrauerei G48» findet man in keinem Laden. Wer sie probieren oder kaufen will, muss sich dafür auf den Weg ins Sulzer-Areal machen. Man kann bei Peter Dürsteler darüber hinaus Führungen und Degustationen für Gruppen buchen oder sein eigenes Bier brauen. Für letzteres brauchen Brau-Aspiranten jedoch Geduld: Ein Brauvorgang dauert ungefähr acht Stunden. Danach muss das Bier mehrere Wochen gelagert werden, bevor man es trinken kann. Eine Wartezeit, die sich jedenfalls lohnt.

Adresse Pionierstrasse 10/12, 8400 Winterthur, www.brauerei-g48.ch | ÖV Bus 1, 5, 7, Haltestelle Sulzer | Öffnungszeiten Führungen und Degustationen auf Anfrage | Tipp «Haldengut» war Winterthurs bekannteste Brauerei, die hier ab 1843 Bier produzierte. Einige Gebäude aus der Bier-Gründerzeit existieren noch heute. Etwa die Villa Lindeneck an der Lindenstrasse 27 – Wohnhaus des damaligen Haldengut-Direktors Fritz Schoellhorn.

34 Der Gedenkstein für J. Pfau

Mitten im Wald

Inmitten einer Waldlichtung an der Lindbergstrasse stösst man auf eine mystische Szene: ein majestätischer Gedenkstein, der vom einfallenden Sonnenlicht umhüllt wird und zu dem ein schmaler Waldweg hinführt. «Jakob Pfau» ist in grossen Lettern auf dem Stein zu lesen sowie «Amtmann Winterthur, starb hier an einem Schlagfluss». Der Winterthurer Stadtrat erlag am 12. November 1849 während einer Jagd den mutmasslich stressbedingten Folgen einer Arbeitsüberlastung.

Jakob Pfau stammte aus einer Winterthurer Ofenbau-Familie und war im Stadtrat für das Spital- sowie das Armenamt zuständig. Zu seiner Amtsführung musste er jährlich Auskunft geben. Ein Jahr vor seinem Tod beklagte sich ein Ausschuss über seine nachlässige Rechnungslegung und verlangte eine Nachbesserung. Der öffentliche Rechtfertigungsdruck war wohl zu viel für Pfau.

Zwei Jahre nach seinem Tod liess sein Sohn Matthäus Pfau im Lindbergwald einen Gedenkstein errichten. Dazu übereignete ihm die Holzkorporation Winterthur 3.000 Quadratfuss Waldfläche um den Stein herum und erlaubte ihm, den hierherführenden Fusspfad zu bauen. Ursprünglich sollte der Stein nur 80 Jahre stehen bleiben. Weil die Winterthurer zwischenzeitlich aber andere Sorgen plagten, vergass man den Gedenkstein, weshalb er sich noch am selben Ort befindet wie vor über 165 Jahren.

Matthäus Pfau folgte den Fussstapfen seines Vaters und amtete von 1857 bis 1864 als Winterthurer Stadtratsmitglied. Im Jahr 1862 gründete er mit zwölf Teilhabern eine Winterthurer Bank, die 1912 mit der Toggenburger Bank zur Schweizerischen Bankgesellschaft und 1998 mit dem Schweizerischen Bankverein zur UBS fusionierte. Nebst seinen Tätigkeiten als Stadtrat und Bankgründer sammelte Matthäus Pfau bedeutende Kunstwerke, welche er in der Kyburg ausstellte, die er als Familienheim erworben hatte.

Adresse Lindbergstrasse, 8404 Winterthur | ÖV Bus 10, Haltestelle Oberes Büel | Tipp Vom Gedenkstein ist es nicht weit bis zur Aussichtsterrasse Bäumli. Der Spaziergang lässt sich aber auch in Richtung Seuzach fortsetzen.

35 Die Graffitiwand

Untergrundkunst

Ein teuflisch grinsender Jack Nicholson blickt einem von der Wand entgegen, während auf einer anderen ein Jugendlicher zwischen bunten Schrottteilen hervorlugt und ein riesiger, mehrköpfiger schwarzer Drache den Betrachter von einer dritten wütend anschnaubt. Während sich der Nachwuchs an den Wänden des Jugendtreffs mit unterschiedlichsten Graffiti-Pieces austobt, sind auf der gegenüberliegenden, 600 Quadratmeter grossen Wandfläche des Briner-Gebäudes Meisterwerke von Profi-Sprayern zu sehen: von Schriftzügen in allen Farben und Formen bis hin zu einem Comic-Tiger oder einem mit Tigerklauen versehenen Turnschuh.

Die Wandbilder haben jedoch nur eine kurze Lebensdauer, denn ein- bis zweimal jährlich findet hier ein Graffiti-Jam statt, bei dem die Besten der Szene gegeneinander antreten. Dann werden auf der Briner-Wand die Kunstwerke des Vorjahres übersprüht, wobei dort wie überall der Ehrenkodex gilt, dass jemand ein Kunstwerk nur dann übermalt, wenn er es mit seinem eigenen Werk übertrifft.

Dass die Winterthurer Graffiti-Szene erwachsen geworden ist, belegen die Künstler mit ihren Werken. Die verhältnismässig junge Kunstrichtung steht inzwischen auf den Lehrplänen der Kunsthochschulen, und immer häufiger vergeben Privatpersonen Aufträge. Graffiti-Kunst ist zum Mainstream-Phänomen geworden. Dennoch haftet dem Begriff Verruchtes an, und er wird vornehmlich mit Schmierereien an Hauswänden, Drogenkonsum und herumlungernden Jugendlichen in Verbindung gebracht. Und das, obwohl gemäss der Statistik der Polizei Winterthur die Zahl der Vandalismus-Akte deutlich gesunken ist. Diese beschränken sich auf wenige Vorfälle, bei denen meist Auswärtige nach dem Ausgang ihre Signaturen an den Hauswänden hinterlassen. Die Vorurteile mögen ein Grund dafür sein, weshalb Graffiti-Künstler ihre Werke in Winterthur bisher nur an wenigen Orten wie der Grüze legal zeigen können.

Adresse Kronaustrasse, 8400 Oberwinterthur | **ÖV** S 25, S 12, S 35, Haltestelle Bahnhof Grüze | **Tipp** Beim Bahnhof Grüze üben sich Graffiti-Kunstschaffende beim Jugendzentrum, bevor sie sich an die Grosse Wand wagen.

36 Der Grenzstein

Von armen Bauerndörfern

Wohnraum in den Städten ist knapp und teuer. So war es auch zu Beginn der industriellen Revolution vor über 100 Jahren, als immer mehr Menschen in die Stadt Winterthur zogen, wo sie in den neu entstehenden Fabriken Arbeit fanden. Während sich die Fabrikanten trotz steigender Bodenpreise auf dem Stadtgebiet ein Haus leisten konnten, mussten die Arbeiter bald in die umliegenden Dörfer Veltheim, Wülflingen, Töss, Seen oder Oberwinterthur ausweichen.

Die rasant steigende Zuwanderung der «Minderbemittelten» brachte die Vororte in arge finanzielle Bedrängnis, denn die zugezogenen Arbeiter zahlten praktisch keine Steuern. Dennoch mussten die Dörfer ihre Infrastruktur ausbauen, um dem Bevölkerungswachstum standzuhalten. Das überforderte diese zunehmends. So auch Veltheim, dessen Einwohnerzahl sich zwischen 1870 und 1910 versiebenfachte. Die Dörfer Veltheim, Töss und Wülflingen, die am meisten unter dem Bevölkerungswachstum litten, drängten die Stadt Winterthur dazu, sie «durch die Verbindung mit dcr prosperierenden Stadt aus ihrer Notlage zu befreien». Dass die Stadtverwaltung nicht begeistert war, versteht sich von selbst. Viel Zeit blieb den Stadträten jedoch nicht, sich vor den finanziellen Forderungen zu drücken, denn bereits 1916 reichte die Sozialdemokratische Partei eine Volksinitiative zur Eingemeindung aller Winterthurer Vororte ein, welche 1919 von den männlichen Stimmbürgern des Kantons Zürich mit überwältigender Mehrheit gutgeheissen wurde. In Veltheim befürworteten diese sogar 97,3 Prozent der Stimmberechtigten. Als Konsequenz wurde Veltheim nebst den anderen Dörfern am 1. Januar 1922 eingemeindet.

Heute erinnert beim Rosenberg an der Ecke Pilgerweg und der Oberen Eichholternstrasse noch ein efeuüberwachsener Grenzstein an die Zeiten, als Veltheim ein selbstständiges, aber armes Bauern- und Arbeiterdorf war.

Adresse Obere Eichholternstrasse, 8400 Winterthur-Veltheim | **ÖV** Bus 3, Haltestelle Loorstrasse | **Tipp** Heute werden Grenzpunkte eher unauffällig gekennzeichnet. Man findet sie auf dem Boden oder an Hauswänden – häufig in Münzform mit einem Loch in der Mitte und der Aufschrift «Grenzpunkt».

37 Das Grotto Maienried

Klein-Tessin am Rande der Stadt

Um nach Tessiner Manier zu entspannen und ein echtes Tessiner Risotto zu geniessen, braucht man nicht stundenlang im Stau vor dem Gotthard zu stehen. Tessiner Flair ist auch in Winterthur am Rande von Wülflingen zu haben, wo Hans und Anna am Maienried 42 seit 2012 mit ihrem «Grotto» nebenberuflich ein Restaurant im Freien betreiben. Im Quartier aufgewachsen, kletterte Hans schon als Kind über Stock und Stein des ehemaligen Nachbargrundstücks und naschte im Keller vom Apfelmost des damaligen Besitzers. Heute gehört ihm das 1.300 Quadratmeter grosse Grundstück. Aus dem waldüberwucherten Land ist mittlerweile eine kleine Tessiner Oase inmitten eines Neubau-Quartiers entstanden.

Serviert werden ausschliesslich Tessiner Spezialitäten. So stehen auf der Speisekarte des Grotto Maienried Grillspezialitäten, Fleisch- und Käseplatten sowie verschiedene Risottos wie das «Steinpilzrisotto nach Grossmutterart», das Hans nach einem Rezept seiner Tessiner Grossmutter auf Bestellung in seiner kleinen Küche frisch zubereitet. Die Zutaten, die er hierfür verwendet, stammen fast ausschliesslich aus dem Tessin. Um Nachschub zu besorgen, fährt der Unternehmensberater alle 14 Tage in die Sonnenstube der Schweiz.

Wer hierherkommt, hat es nicht eilig – oder sollte es nicht eilig haben, denn die Zubereitung eines Risottos dauert rund 20 Minuten. Die Wartezeit vergeht jedoch wie im Flug, denn mit den Gastgebern kommen Besucher ebenso rasch ins Gespräch wie mit den übrigen Gästen. Im Schutz des kleinen Waldes hat man von der Aussichtsterrasse des Grottos mit den grossflächigen roten und braunen Sonnenschirmen zudem einen wunderbaren Blick auf die angrenzenden Wälder, Wiesen und Felder. Wer zu viel Alkoholisches getrunken hat, sollte beim Rückweg den Abstieg über die steilen Treppen meiden und stattdessen den Promille-Weg benutzen, den Hans extra für angeheiterte Gäste angelegt hat.

Adresse Maienriedweg 42, 8408 Winterthur-Wülflingen, Tel. 079/2620409, www.grotto-maienried.ch, ubmettler@bluewin.ch | **ÖV** Bus 2, 667, Haltestelle Lindenplatz, via Riedhofstrasse über die Taggenbergstrasse zum Maienriedweg | **Öffnungszeiten** Jedes erste und letzte Wochenende des Monats. Bitte Website konsultieren. | **Tipp** Vier Mal im Jahr kochen Hans' Kollegen im Grotto Maienried, beispielsweise Tessinerbraten, Polenta oder Capuns. Die Daten und die Spezialitäten werden auf der Website angekündigt.

38 Der Gründerstein

Ein römischer Stein auf Abwegen

Heute ist der römische Inschriftenstein wieder dort, von wo er vor beinahe 1.000 Jahren «verschleppt» wurde: in Winterthur. Zwar nicht an seinem Ursprungsort in Oberwinterthur, sondern im Zugangsbereich des Rathauses, dafür hat er hier einen durchaus würdigen Platz gefunden.

Der römische Stein gilt als ältestes «Schriftstück», welches den Namen Winterthur, «Vitudurum», erwähnt, und gleichzeitig als erster mittelalterlicher archäologischer Fund. Angebracht wurde das älteste Schriftstück Winterthurs um das Jahr 294 an einer neu errichteten Befestigungsmauer in Oberwinterthur. Etwa dort, wo sich heute die reformierte Kirche Sankt Arbogast befindet. «Imperator Caesar Caius Aurelius Valerius Diocletianus Pontifex Maximus Germanicus Maximus II» beginnt die Inschrift. Sie feiert den damaligen Kaiser als «grössten» Germanen-, Sarmaten- und Perserbezwinger und zählt dessen unzählige Titel auf: «Vater des Vaterlandes» oder «Konsul zum fünften Mal». Auf diese Ruhmesrede folgt der Name des «Unterkaisers» Valerius Constantius, der die Kastellmauer «auf eigene Kosten» habe errichten lassen.

Es war die Erwähnung des späteren Kaisers Constantius, die den Bischof Konrad (935–975) veranlasste, den Stein aus Winterthur an den Bodensee nach Konstanz abzutransportieren. Für ihn lieferte der Inschriftenstein einen geschichtsträchtigen Nachweis für das Alter der Stadt Konstanz, deren Name sich von «Constantius» ableitet.

Konrad liess den Stein in einer Seitenkapelle der Rotunde einmauern, wo er beinahe 1.000 Jahre verharren sollte. Den Konstanzern war der Inschriftenstein im Mittelalter überaus heilig. Ihn zu berühren sollte wahrscheinlich Glück bringen. Das mag ein Grund sein, weshalb die Buchstaben auf dem Inschriftenstein kaum noch zu entziffern sind. Aus der langen «Geiselhaft» in der Fremde wurde er erst 1966 befreit.

Rathaus
Stadt Winterthur

Adresse Marktgasse 20, 8400 Winterthur | **ÖV** Bus 1, 3, 5, 10, 14, 674, 676, Haltestelle Stadthaus | **Tipp** Im Durchgang des Rathauses befindet sich ein urchiges Antiquariat, wo man seltene Bücher aller Art findet. www.antiquariat-harsch.ch

39 Der Guckkasten

Ein Blick in den Abgrund

Er steht immer irgendwie allen im Weg. Der graue, metallene Blechkasten, an dem sich an der unteren Steinberggasse tagein, tagaus Hunderte von Fussgängern, Fahrradfahrern, Marktbesuchern sowie Müttern mit Kinderwagen und Touristen vorbeiquetschen.

Für die meisten Winterthurer ist das blecherne Ungetüm inmitten der Altstadt auf den ersten Blick tatsächlich keine Attraktion, sondern ein unliebsames Hindernis im geschäftigen Alltag. Und doch verbirgt sich hinter der schlichten Erscheinung des «Blechmonsters» mehr, als man meint: Wer auf die Beleuchtungstaste klickt, blickt nämlich in einen 15 Meter tiefen und zwei Meter breiten, erhellten Abgrund. «Vorsicht, nur für Schwindelfreie», sollten Nichtsahnende zuvor gewarnt werden, finden wir.

Der Sodbrunnen, dessen Tiefen sich da auf Knopfdruck vor einem auftun, bringt zwar Menschen mit Höhenängsten an ihre Grenzen, kann dafür aber mit einer jahrhundertealten Geschichte aufwarten: Um das Jahr 1500 herum erbaut, reichte der Brunnenschacht früher bis zum Grundwasser hinunter. Bei seinem Bau wurde kein Mörtel verwendet, einzig die Steine wurden übereinandergeschichtet, wobei die Erbauer die Brunnenwände ausschliesslich mit ausgesägten Tuffsteinen verstärkten. Mit dieser einfachen Technik hat das mühselig errichtete Bauwerk alle Zeiten überdauert. Der Bau des Sodbrunnens dürfte sich für die damaligen Bewohner gelohnt haben, denn er wurde über 250 Jahre lang von ihnen genutzt und erst im Jahr 1764 aufgegeben, weil sich bessere Techniken gefunden hatten, um das Wasser in die Stadt zu leiten.

Wer sich die Dimensionen dieses Steinbauwerks immer noch nicht vorstellen kann, sollte beim nächsten Spaziergang in der Steinberggasse gleich selbst einen Blick in die Tiefe werfen. Besonders dann, wenn die meisten Fussgänger links- und rechtsherum achtlos an dem grauen, mauerblümchenhaft wirkenden Blechmeisterwerk vorbeihasten.

Adresse Steinberggasse / Ecke Metzggasse, 8400 Winterthur | ÖV Bus 2, 2E, 3, 4, Haltestelle Technikum | Tipp Die Steinberggasse ist der Ort der Märkte, aber auch jener, wo sich die Hauptbühnen bei den Musikfestwochen befinden. Ausserdem gibt es hier verschiedene kleine Läden – von der Hutmacherei bis zum exklusiven Kleidergeschäft.

40_Die Hardstudios

Tonkünste

Unzählige Künstler haben ihre Stimme in den Hardstudios in der alten Spinnerei am Dorfausgang von Wülflingen verewigt: etwa Udo Jürgens, der nur wenige Wochen vor seinem Tod auf dem Steinway-Flügel im «Tonstudio A» Aufnahmen für seine letzte Show machte. Auch Stars wie DJ Antoine, Dieter Meier von Yellow, Francine Jordi, Züri West oder Bastian Baker haben die Winterthurer «Ton-Perle» entdeckt. Meist aufgrund von Mund-zu-Mund-Propaganda. In den vier Studios in der Hard lässt sich eine Vielzahl an Stimmen und Instrumenten gleichzeitig aufnehmen, abmischen, auseinanderschneiden und neu zusammensetzen. Die Aufnahmedauer für ein Album beträgt zwischen einem halben Tag bis zu zehn Tagen und ist weitgehend vom Musikstil abhängig.

Rund 1.800 Tonträger mit Gesangs-, Musik- oder Kabarettaufnahmen sind in den vergangenen 45 Jahren entstanden. Zuerst in den Kellerräumen an der Brunngasse, wo die Geschichte des renommierten Tonstudios ihren Anfang nahm, und ab dem Jahr 1989 in den vier Tonstudios in der Hard. Die Facette der Aufnahmen reicht von Jazz über Filmmusik, Klassik, Pop / Rock, Country, Hip-Hop, Indie-Rock und Schlager bis zu Kabarett und Erzählungen. Neben der Fähigkeit der Tontechniker und Tonmeister, jeglichen Gesang sowie unterschiedlichste Sprachaufnahmen geschickt zu optimieren, imponiert vor allem das grosse Mischpult mit Hunderten von Reglern und Knöpfen hinter der verglasten Tonregie.

Zu bestaunen gibt es ausserdem die Mikrofonsammlung des Tonstudio-Gründers Moritz Wetter, wobei die Mikrofone nicht bloss ausgestellt sind, sondern auch für Aufnahmen eingesetzt werden. Um eine rauchige Stimme zur Geltung zu bringen, dienen beispielsweise solche aus den 40er und 50er Jahren. Weitere Highlights der Sammlung? Ein Elvis-Mikrofon sowie viele unscheinbar wirkenden Stücke, die Taschenlampen verblüffend ähnlich sehen.

Adresse Hard 11, 8408 Winterthur-Wülflingen, Tel. 052/2226725, www.hardstudios.ch, moritz@hardstudios.ch | **ÖV** Bus 2, Haltestelle Wülflingen (5 Minuten Fussweg entlang der Weiachstrasse) | **Öffnungszeiten** jeden 1. Mittwochnachmittag im Monat, nach Voranmeldung | **Tipp** Bei den Hardstudios gibt es einen historischen unterirdischen Kanal, der direkt zu den Wasserfällen bei der Affenschlucht führt. Die Begehung lässt sich mit der Studioführung verbinden.

41 Die Haselmausbrücke

«Infrastruktur» für einen putzigen Winzling

Man bekommt sie in der Schweiz kaum noch zu Gesicht, die putzige, daumengrosse Haselmaus mit einem Körpergewicht von 15 bis 30 Gramm. Weltweit steht sie sogar auf der Roten Liste der gefährdeten Tierarten. Einer der wenigen Orte, an denen sich die nachtaktiven Säuger noch heimisch zu fühlen scheinen, befindet sich in unmittelbarer Nähe des Reitplatzes in Winterthur-Töss. Wer das Tierchen erspähen will, muss seinen Blick bei nächtlichem Himmel in das Zweiggewirr der Büsche und Bäume richten, wo sich die Haselmäuse aus Angst vor Fressfeinden aufhalten und sich wie winzige Äffchen von Ast zu Ast hangeln.

Um ihnen zu helfen, den Waldweg an der Bannhaldenstrasse unbeschadet zu überqueren, hat die Stadt Winterthur zusammen mit der Stiftung Pro Bilche Schweiz im Jahr 2014 in sechs Metern Höhe die schweizweit erste «Hängebrücke» für Haselmäuse eingerichtet. Im efeugefüllten Drahtgitterschlauch, der sich quer über den Waldweg spannt, führt der Weg die Haselmäuse durch einen Tetrapak-Tunnel über ein tintengetränktes Stempelkissen, wodurch sie ihre winzigen Fussabdrücke hinterlassen und damit gezählt werden können. Damit die Haselmaus zur Brücke hochkommt, wurden Seile vom Boden zur Brücke gespannt. Die kleinen Bewohner lassen sich Zeit mit der Inbesitznahme, denn bisher wurden dort keine Haselmausspuren gefunden. Dagegen kam es zu einer Hausbesetzung der besonderen Art: Eine Siebenschläfer-Familie hatte es sich im Tunnel gemütlich gemacht.

Trotz der standhaften Weigerung der Haselmäuse, die Brücke zu benutzen, hat sich deren Population auf beiden Seiten des Wegs vervielfacht. Dazu beigetragen hat auch die Stadt, die an diesem Ort vermehrt Fichten gefällt, den Wald ausgedünnt und beerentragende Sträucher angepflanzt hat. Letztere sind zwischenzeitlich zu einem natürlichen Übergang zusammengewachsen, den die Haselmäuse viel lieber benutzen.

Adresse Bannhaldenstrasse, 8406 Winterthur-Töss (linker Hand) | ÖV Bus 4, 11, Haltestelle Storchenbrücke | Tipp Wer im Frühjahr hierherkommt, findet eine über und über mit Löwenzahnblüten bedeckte Wiese. Ein wunderbarer Anblick!

42 Die Hexengasse

Mutproben

Als er klein war, sei es eine Mutprobe gewesen, «in der Hexengasse durchzulaufen», schilderte ein gebürtiger Winterthurer seine Kindheitserlebnisse. Das mag am überaus unfreundlichen Nachbarn gelegen haben, der die Kinder mit Vergnügen verscheuchte. Unheimlich war es im schmalen Durchgang beim Obertor Nummer 29 allerdings über ein halbes Jahrhundert später noch. Und das lag nicht nur an der spärlichen Beleuchtung und der Enge der Passage. Die tiefhängenden, weiss übertünchten Balken, der abblätternde himmelblaue Verputz und die alten, verdellten dunkelbraunen Bodenplatten wirkten bedrückend und beklemmend.

«Ich muss so schnell wie möglich weg», mag mancher gedacht haben, wenn er die Passage durchquerte. Daran änderte auch die Aufschrift «Öffentlicher Durchgang» oberhalb des Torbogens nichts. Doch das ist Vergangenheit. Mittlerweile wurde die Hexengasse saniert, der Bodenbelag ausgewechselt und die Wände weiss gestrichen. Von den vielen an die Wände gemalten bunten Friedensvögeln ist nichts mehr zu sehen, auch nicht vom Gedicht «Dreamers of Peace» von Sri Chinmoy, einem spirituellen Lehrer.

Am anderen Ende der Altstadtpassage gibt Überraschendes zu entdecken: malerische, versteckt gelegene Hinterhofgärten, mittelalterliche, verwinkelte Gassen und ein ehemaliges Badehaus. Sogar ein Schlachthaus gab es früher inmitten der Wohnsiedlung. Die Zeit scheint hier tatsächlich stehen geblieben zu sein, denn an der gesamten Architektur hat sich in den vergangenen Jahrhunderten nicht viel verändert. Das bringt einem unmittelbar nahe, wie eng die Menschen im Mittelalter miteinander gelebt haben müssen. Wo früher Lärm und Gestank vorherrschten, ist heute eine beinahe ländliche Idylle vorzufinden, die den am Obertor Vorbeihastenden vielfach verborgen bleibt. Die Stadt mit ihrem geschäftigen Treiben scheint in diesem versteckt gelegenen Quartier ganz, ganz weit weg zu sein

Adresse Obertor 29, 8400 Winterthur | ÖV Bus 1, 14, 680, Haltestelle Obertor | Tipp Es lohnt sich, die angrenzende Neustadtgasse zu besichtigen, wo einst Handwerker und Kleinbürgerliche wohnten. Noch heute befinden sich dort viele kleine Läden jenseits des Mainstreams.

43 Hitlers Eiche

Ein undankbares Geschenk

«Olympiade Berlin 1936, Sieger im Freiübungsturnen» ist auf dem Granitstein zu lesen, der sich unter einer Eiche beim Parkplatz des Sportplatzes Deutweg befindet. Die Ehrung gilt dem erfolgreichsten Schweizer Turner aller Zeiten, Georg Miez. Am 2. Oktober 1904 an der Schaffhauserstrasse in Töss geboren, gewann Miez in seiner Turner-Karriere von 1924 bis 1936 acht olympische Medaillen: vier goldene, drei silberne und eine bronzene. Ein Medaillen-Rekord, den ihm bis heute kein Schweizer Sportler streitig gemacht hat. Georg Miez hegte zwar keine Sympathien für die Politik der Nazis, dennoch nahm er 1936 an der Olympiade in Berlin teil: Er wollte vor seinem Rücktritt im Bodenturnen Gold erringen. Eine Disziplin, in der er bisher nicht die Nummer eins war. Der Sieg gelang, worauf der Schweizer Spitzenathlet im Berliner Olympiastadion vor 120.000 Zuschauern mit einer Goldmedaille ausgezeichnet wurde.

Als Geschenk erhielt er zudem eine Deutsche Eiche, die ihm Hitler eigenhändig überreicht haben soll. Miez verschenkte diese an den Turnverein Töss, der sie beim Sportplatz Deutweg anpflanzte, wo die Eiche heute noch steht.

Trotz seiner sportlichen Erfolge wurden dem gelernten Mechaniker in der Deutschschweiz beruflich viele Steine in den Weg gelegt: Weil er kein Abitur hatte, durfte er in seinem Heimatkanton nicht als Turnlehrer arbeiten. Aus Ärger und Entrüstung über diese Deutschschweizer Kleinkariertheit siedelte Georg Miez 1929 nach Chiasso ins Tessin um, wo er als Turnlehrer zugelassen wurde. Dort gründete der umtriebige Spitzenathlet eine Privatsportschule mit Niederlassungen in Arosa und San Remo, verfasste sportmedizinische Bücher und erteilte Tennisunterricht auf seinem Privatsportplatz. Miez kehrte vom Tessin nicht in die Deutschschweiz zurück. Er verstarb am 17. April 1999 im Alter von 95 Jahren in Savosa.

Adresse Grüzefeldstrasse 30, 8400 Winterthur (beim Parkplatz vor dem Sportplatz) | **ÖV** Bus 3, 5, 14, Haltestelle Eishalle | **Tipp** Der Gymnasiast Nicolas Hermann hat eine Diplomarbeit über Georg Miez geschrieben, die in voller Länge mit dem Suchwort «Miez» unter Dokumente auf www.winterthur-glossar.ch heruntergeladen werden kann. Wer lieber Sport treibt, anstatt darüber zu lesen, ist beim Deutweg am richtigen Ort. So kann man sich hier im Sommer verschiedenen Jogging-Gruppen anschliessen und im Winter in der nahe gelegenen Eishalle Schlittschuh laufen.

44 Der Holidi

Abschied vom alten Holzmann

Seit 1986 sass er auf dem Kiesplatz am Oberen Graben, inmitten einer Baumallee. Die Rede ist von «Holidi», dem elf Meter langen und zwölf Tonnen schweren Holzmann, der wegen seines hölzernen Phallus im Volksmund auch «Pimmelmann» genannt wird. Im Auftrag des Schweizerischen Holzwirtschaftsverbands erbaut, war er 30 Jahre lang ein beliebter Treffpunkt für Jung und Alt und diente Generationen von Kindern als Klettergerät.

Obschon morsch und in die Jahre gekommen, lieben die Winterthurer ihren verwitterten Holzmann immer noch von ganzem Herzen.

Als der Stadtrat 2014 ankündigte, die Holzskulptur entsorgen zu wollen, formierte sich in der Bevölkerung Widerstand: Unermüdlich sammelten die Winterthurer Unterschriften für die Initiative «Rettet den Holidi». 1.152 kamen schliesslich zusammen. Eine Renovation war mittlerweile umso dringlicher, als ein paar Lausbuben zwischenzeitlich «sein bestes Stück» abgebrochen und geklaut hatten. Dennoch wollten weder der Vater der Skulptur, Werner Ignaz Jans, noch der grosse Gemeinderat von einer Wiederinstandstellung oder einem Nachbau der Skulptur etwas wissen: Letzterer erklärte die Initiative «Rettet den Holidi» wegen «formeller Mängel» sogar kurzerhand für ungültig.

Damit war der Lauf der Dinge nicht mehr aufzuhalten: Am frühen Morgen des 10. September 2015 demontierten sechs Umzugsmänner die Kultfigur Winterthurs, luden sie mit einem Kran auf einen Lastwagen und transportierten «Holidi» zum Rosenberg, wo er nun am östlichen Rand des Friedhofs hinter der Abdankungskapelle in der Nähe der Urnenwand seine letzte Ruhestätte fand. Wer den alten Holzmann besuchen möchte, kann das rund um die Uhr tun und zugleich zahlreiche weitere Kunstwerke auf dem Friedhofsgelände besichtigen. Der Zugang ist auch vom Lindbergwald möglich.

Adresse Am Rosenberg 5, 8400 Winterthur-Veltheim | **ÖV** Bus 3, Haltestelle Friedhof | **Öffnungszeiten** ganztägig | **Tipp** Die Kunstwerke, die sich auf dem Friedhof Rosenberg befinden, sind in der online downloadbaren Broschüre «Friedhof Rosenberg, Gestaltung und Entwicklung» der Stadt Winterthur ausführlich beschrieben. Von hier sind es nur wenige Gehminuten bis zum Ort, wo sich der alte Grenzstein befindet (siehe Ort 36).

45 Die J.-C.-Heer-Gedenkstätte

Heimatliebe

Es hätte ihm dort wohl gefallen. Hoch oben am Brühlberg, direkt am Waldrand, von wo man auf sein Geburtshaus in Töss blickt. Heimat, Weitsicht und eine Landschaft, die er in autobiografisch gefärbten Romanen wie «Joggeli» immer wieder aufleben liess. J. C. Heer war einer der erfolgreichsten Schweizer Schriftsteller seiner Zeit, dessen Bücher Auflagen bis zu 330.000 Stück erreichten und wiederholt verfilmt wurden. Seinem Heimatdorf Töss blieb er bis zuletzt verbunden. So verlautbarte er noch auf dem Sterbebett, dass seine Asche «angesichts seines Geburtshauses» in Töss bestattet werden solle. Ein Wunsch, der sich erst drei Jahre nach seinem Tod, im Jahr 1928, erfüllen sollte.

Jakob Christoph Heers «Heimkehr» wurde – wohl ganz nach seinem Geschmack – romantisch in Szene gesetzt. Als späten Dank an den berühmten Tössemer, der die Graubündner Bergwelt in seinem Bestseller «König von Bernina» in den schillerndsten Farben verewigt hatte, schenkten die Bürger des abgelegenen Bergtals Poschiavo den Winterthurern einen 14 Tonnen schweren Gedenkstein aus Granit. Das Geschenk hatte es in sich: Vom graubündnerischen Poschiavo mit der Bahn nach Töss verfrachtet, wurde der Stein in Töss auf ein Fuhrwerk mit einem Gespann von 24 Pferden verladen, welche die Last auf die Brühlberger Anhöhe hinaufzogen. Um das steilste Stück zu bewältigen, musste man sogar mehrere Traktoren zur Hilfe nehmen, versanken die armen Pferde doch beinahe im Morast. Ein Spektakel für die Bewohner von Töss, denn über 100 Erwachsene und Schüler folgten dem seltsamen Tross bis zum Waldrand hinauf.

Im Sommer 1928 wurde die J.-C.-Heer-Gedenkstätte anlässlich des Schweizerischen Schriftstellertags endlich feierlich eingeweiht, aber nur, nachdem der beauftragte Bildhauer beim Anbringen der Inschrift «J. C. Heer 1859–1925» über ein Dutzend Meissel «stumpf geschlagen» hatte.

Adresse Brühlberggrundstrasse, 8400 Winterthur | **ÖV** Bus 1, 5, 7, Haltestelle Loki | **Tipp** J. C. Heers Buch «Der König von Bernina» wurde mehrmals verfilmt. 1929 etwa mit dem bekannten Schauspieler Ernst Lubitsch. Ausserdem wurde eine Strasse nach einer seiner Romanfiguren benannt (siehe Ort 1), und sein Geburtshaus steht in der J.-C.-Heer-Strasse 7.

46_J. J. Scherers Grabstein

Der vergessene Bundesrat

Etwas verloren und fehl am Platz steht sie da, im Schatten einer Linde im Lindengutpark: die mit steinernen Eichenblättern umrankte Grabsäule des Bundesrats Johann Jakob Scherer, der im Jahr 1878 während seiner Amtszeit im Alter von 53 Jahren verstorben war. Keine Inschrift ziert den angegrauten Stein, der den Schleier des Vergessens über Scherers Schaffen lüften würde. Falsche Schweizer Bescheidenheit? Vielleicht, denn der Sohn eines Pferdehändlers hat es weit gebracht.

1847 nimmt er am Sonderbundskrieg teil und durchläuft verschiedene militärische Stationen, bis er als Oberst den Zenit seiner militärischen Karriere erreicht. Nach seiner Heirat im Jahr 1854 lässt sich Johann Jakob Scherer in Winterthur nieder und gründet ein äusserst erfolgreiches Unternehmen, das sich auf den Handel mit britischen Waren spezialisiert. Scherer ist ein Liberal-Radikaler und wird nacheinander in den Kantons-, Regierungs- und Nationalrat gewählt und 1872 zum Bundesrat erkoren. Kurz nach seiner Wiederwahl verstirbt er im Dezember 1878 an einer Blinddarmentzündung. Seine letzte Ruhe findet Bundesrat Johann Jakob Scherer auf dem alten städtischen Friedhof im Lee, an der Rychenbergstrasse in Oberwinterthur, wo heute die neueren Kantonsschulgebäude stehen. Der Friedhof im Lee wird 1914 aufgehoben, als jener am Rosenberg eröffnet wird, der mit dem rasanten Bevölkerungswachstum Winterthurs besser Schritt zu halten vermag. Den Toten auf dem alten Friedhof an der Rychenbergstrasse gewährt die Stadt trotz der Gräberaufhebung eine grosszügige «Ruhefrist» von knapp 50 Jahren, bevor die letzten Gräber, darunter jenes von Johann Jakob Scherer, im Jahr 1960 den neuen Schulgebäuden weichen müssen.

Der Grabstein des verstorbenen Bundesrats gelangt 1961 an seinen heutigen Standort im Lindengutpark beim ehemaligen Haus des Winterthurer Industriellen Clais.

Adresse Römerstrasse 8, 8400 Winterthur | **ÖV** Bus 1, 5, 14, 680, Haltestelle Obertor | **Tipp** Der ehemalige Wohnsitz von Johann Jakob Scherer, der «Jakobsbrunnen», befindet sich an der Schwalmenackerstrasse 4 im Inneren Lind.

47 Die Kaffeerösterei Küng

Kaffeeduft und Kaffeelust

Der Duft von geröstetem Kaffee liegt in der Luft: Man nimmt ihn schon wahr, bevor man das sandsteinfarbene, historische Backsteingebäude an der St. Gallerstrasse 129 beim Bahnhof Grüze betritt. Seit 1920 im Grüze-Quartier niedergelassen, pflegt die Familie Küng mittlerweile in vierter Generation die Kunst des Kaffeeröstens. Wer einen Blick ins Heiligtum der Rösterei wagt, kann sich gar nicht sattsehen.

Da ist einmal die rund 70-jährige Röstmaschine, die ohne viel elektronischen Schnickschnack auskommt und inzwischen als Sammlerobjekt gilt. Daneben fallen die verschiedenen Kaffeesorten auf, die in sechs unterschiedlichen Röstgraden verarbeitet werden. Während dunkler Espresso bei 198 Grad rund 16 Minuten geröstet wird, benötigt der mildere Wiener Kaffee bei 175 Grad nur 13 Minuten. Mit dieser langsamen Röstung verliere der Kaffee an Bitterkeit und verursache kein Magenweh, wie der Inhaber versichert. Die Kaffeebohnen stammen alle von Anbietern, zu denen die Familie persönlich Kontakte hat. Verarbeitet werden Bohnen aus Indien, Kolumbien, Brasilien, Ecuador, Guatemala, Peru, Äthiopien, Australien, Indonesien und Vietnam. Rund 50 Tonnen rohe Kaffeebohnen verarbeitet die Rösterei pro Jahr, die rund 40 Tonnen trinkfertigen Kaffee ergeben. Aus den gerösteten Bohnen entstehen ungefähr 20 Mischungen, die im fabrikeigenen Laden verkauft werden, wobei Kunden auch eigene Kaffeemischungen zusammenstellen lassen können.

Die Küng-Mischungen haben viele Anhänger. So herrscht im Fabrikladen ein beständiges Kommen und Gehen. Während einige Kunden bloss eine Tüte Kaffee kaufen, haben es andere weniger eilig, lassen sich beraten und degustieren verschiedene Mischungen. Wer erleben möchte, wodurch sich die verschiedenen Kaffeesorten unterscheiden und wodurch sich ein qualitativ hochwertiger Kaffee auszeichnet, sollte unbedingt hierherkommen.

Adresse St. Gallerstrasse 129, 8404 Oberwinterthur | **ÖV** S 12, S 26, S 30, S 35, Haltestelle Bahnhof Grüze, Bus 3, 5, 14, Haltestelle Eishalle | **Öffnungszeiten** Mo – Fr 8 – 11.45 und 13.30 – 17 Uhr, Sa 9 – 11.45 Uhr | **Tipp** In Winterthur gibt es mehrere kleinere und «jüngere» Kaffee-Röstereien wie das Caffè l'amica, wo Interessierte einen Barista-Kurs machen können, das Café Natural, eine mobile Kaffee-Rösterei, oder das Einfrauunternehmen Reinhart. www.lamica.ch, www.reinhart-caffee.ch

48 Kein Obertor

Wo einst ein Stadttor stand und keins mehr ist

Wie jede andere mittelalterliche Stadt hatte Winterthur mehrere Tore, durch welche man in die schützenden Stadtmauern gelangte. So auch am Obertor, wo heute allerdings nur noch der Name an das trutzige Tor erinnert, welches Winterthurs Stadtbild einst verschönerte. Dass das mit der «Verschönerung» nicht einfach so dahergesagt ist, belegen Zeitzeugen aus dem 18. Jahrhundert, die Winterthur mit seinen damals noch bestehenden Toren, Türmen, Zinnen und Stadtmauern als eine der schönsten Schweizer Städte betrachteten.

Für Belanglosigkeiten wie den Erhalt historischer Bauwerke hatte die Bevölkerung im 19. Jahrhundert jedoch nicht viel Sinn. Es ging darum, die Stadt umzugestalten, um dem Bevölkerungszuwachs sowie dem erhöhten Verkehrsaufkommen gerecht zu werden. Hätte der Stadtrat den Händlern, die sich über Platzmangel beklagten, in allen Begehren nachgegeben, wären solch geschichtsträchtige Gebäude wie der Königshof für immer von der Winterthurer Bildfläche verschwunden. Geld regiert die Welt, galt eben schon damals: Was der Geldvermehrung im Weg stand – wie die Stadttore –, musste weichen. Allerdings mit der Billigung der Bevölkerung, die dieses Vorgehen sogar als Fortschritt betrachtete.

Das Schicksal des trutzigen Obertors war im Jahr 1867 besiegelt: Das 500-jährige Bauwerk wurde abgerissen und damit von der Stadtkarte Winterthurs gefegt. Die Ruinen hat man allerdings erst 1894 vollständig beseitigt. Um sich ein Bild vom Ausmass des historischen Verlusts zu machen, welchen die Zerstörung der Stadttore mit sich brachte, genügt es, wenn man sich das heute noch erhaltene Zytgloggen-Tor Berns vor Augen hält. War es ein leises Bedauern, welches die Winterthurer Stadtverwaltung 1983 veranlasste, eine Gedenktafel am Haus Nummer 2 anzubringen und jene Stellen mit grauen Pflastersteinen zu markieren, wo sich die Fundamente des Obertors befanden?

Adresse Obertor, 8400 Winterthur | **ÖV** Bus 1, 5, 14, 680, Haltestelle Obertor | **Tipp** Ein Überbleibsel der alten Stadtmauer mit ihren Türmen findet sich im sogenannten «Türmlihaus» an der Technikumstrasse 36. Der ins Gebäude integrierte Turm ist der letzte erhalten gebliebene mittelalterliche Winterthurer Wehrturm.

49 Das Kesselhaus

Im Kohlenlager

In der schicken Bar im ersten Stock des Kesselhauses am Eingang des ehemaligen Sulzer-Areals wird die Winterthurer Industriegeschichte erlebbar: Wer den Boilerroom betritt, steht inmitten der ehemaligen Heizzentrale der Firma Sulzer, von wo aus sämtliche Gebäude des Industriegeländes beheizt wurden. Auf die ursprüngliche Funktion des 18 Meter hohen Raums lassen vor allem die drei Kohlensilos schliessen, die weit über den Köpfen der Barbesucher angebracht sind.

Ab Ende der 50er Jahre befeuerten diese mehrere Dampfkessel, welche pro Stunde zwischen 20 und 25 Tonnen Dampf mit Temperaturen bis zu 400 Grad erzeugten. Pro Jahr verbrauchte die Firma Sulzer durchschnittlich 4.000 Tonnen Kohle für die Beheizung des Industrie-Areals. Auch das Fassungsvermögen der hier sichtbaren Silos beeindruckt, denn in jedem einzelnen fanden 400 Tonnen Kohle Platz.

Doch nicht alles, was hier zu sehen ist, hat Echtheitswert. So bestehen die Backsteinmauern aus Kunststoff, was man sofort bemerkt, wenn man an die vermeintlich solide Mauer klopft. Ein wahrer Hingucker in diesem Mix aus Alt und Neu ist die geschwungene Stahltreppe, welche die Bar mit den Kinosälen verbindet. Wer keine Höhenangst hat, sollte nicht versäumen, dort hochzusteigen, denn aus 18 Metern Höhe sind die Dimensionen dieses Bauwerks noch eindrücklicher.

Im Boilerroom kann man nicht nur Artefakte bestaunen, sondern auch seinen Durst und Hunger stillen. Das Getränkesortiment umfasst Longdrinks, Cocktails sowie verschiedene Wein- und Biersorten, und auf der Speisekarte finden sich typische amerikanische Gerichte wie Burger, Nachos oder Chicken Wings.

Seit der Eröffnung im Jahr 2010 hat sich der Boilerroom zu einer festen Grösse der Winterthurer Gastroszene entwickelt und ist über die Stadtgrenze hinaus für seine Bürger bekannt geworden.

Adresse Zürcherstrasse 1–3, 8400 Winterthur, Tel. 052/2033149, www.boilerroom.ch | **ÖV** in Gehdistanz zum Bahnhof | **Öffnungszeiten** Mo–Do 17–24 Uhr, Fr, Sa 17–2 Uhr, So 14.30–23 Uhr | **Tipp** Am Mittwochabend treffen sich Arbeitstätige jeweils um 17 Uhr in der Lounge zu einem Afterwork-Drink.

50_Das kleinste Haus

Wo einst Handwerker wohnten

Zwar ist sie etwas abgelegen, dennoch gehört die Neustadtgasse zu den sehenswertesten Strassenzeilen Winterthurs. Das ehemalige Handwerkerviertel am Rande der Altstadt wirkt wie ein Dorf in der Stadt. Mit den niedrigen Häusern und den verwinkelten Hinterhöfen hat es diesen Charakter bis heute bewahrt. Noch immer sind hier viele Nischenbetriebe angesiedelt: etwa ein Bildhauer, eine Buchbinderei, eine Schneiderei, ein Antiquariat, eine Töpferei, ein Gitarrenladen – den Prince auf der Suche nach einer Rarität besucht haben soll –, ein finnisches Geschäft und seit Neuestem eines für «Superfoods». Daneben gibt es Cafés, Bars und Restaurants.

Hier, in der Mitte des malerisch wirkenden Strassenzugs, ist auch das kleinste Haus der Altstadt zu sehen. Fast alle Gebäude, die zwischen 1350 und der Mitte des 19. Jahrhunderts erbaut wurden, stehen unter Denkmalschutz. So auch das kleinste Altstadthaus, welches sich gegenüber dem Café-Restaurant Dimensione an der Neustadtgasse 18a befindet. 33 Quadratmeter misst das allein stehende Zwei-Zimmer-Haus, in dem nebst einer Nischenküche ein elf Quadratmeter grosses Wohnzimmer sowie ein Bad- und ein Schlafzimmer untergebracht sind.

Im Jahr 1810 als zweistöckiges Wohnhaus konstruiert, wechselte es mehrmals seine Funktion. So wurde es 53 Jahre nach seiner Erstellung zu einer Werkstatt umgebaut und 1903 wieder in eine Wohnstätte umgewandelt. 16 verschiedene Eigentümer zählte das kleine Bijou seit seinem Bestehen. Etwa einen Handlanger, der es 1919 kaufte, oder einen Giesser, der ab 1942 darin wohnte. Dann erwarb es die Stadt Winterthur und blieb bis 2014 Eigentümerin der Liegenschaft. Im August 2014 wurde das kleine Haus erneut zum Verkauf ausgeschrieben – zu einem Mindestpreis von 220.000 Franken. Knapp eine halbe Million Franken soll die neue Besitzerin dafür bezahlt und damit 36 Mitbieter ausgestochen haben.

Adresse Neustadtgasse 18a, 8400 Winterthur | **ÖV** Bus 2, 2E, 3, 5, 14, Haltestelle Gewerbeschule | **Tipp** Die Café-Bar «Roxy» an der Ecke Tösstalstrasse/Neustadtgasse lässt sich am ehesten als ein öffentliches Wohnzimmer mit Pub-Flair bezeichnen. Eine Kaffee-Pause einzulegen lohnt sich. www.roxycafe.ch

51 Die Klosterruine

Aufstieg und Niedergang eines Klosters

Die neun Mönche, die in der zweiten Hälfte des 15. Jahrhunderts im Kloster Mariazell auf dem Beerenberg bei Wülflingen lebten, scheinen es komfortabel gehabt zu haben: Nebst einer überdimensioniert grossen Kirche mit Kreuzgang gab es im Beerenberg-Kloster einen Verwaltungssitz mit Kranken- und Gästeräumen, eine beheizbare Badstube, wo man sich waschen und Krankheiten behandeln konnte, ein Konventsgebäude, eine Latrine sowie ein Wohngebäude. Zum Essen und Trinken verwendeten die aus der Winterthurer Oberschicht stammenden Mönche wertvolle Becher aus blauem Glas und solche aus Stein, die aus dem elsässischen Mutterkloster stammten.

Glaubt man zeitgenössischen Chronisten, sollen es die Bewohner vor der Auflösung des Klosters besonders arg getrieben haben: So empörte sich der Winterthurer Laurenz Bosshart, der zwischen 1490 und 1532 lebte, darüber, dass die Mönche silberne und goldene Reliquienschreine eingeschmolzen hätten, um daraus Trinkgeschirr sowie Messer- und Degenbeschläge herzustellen. Ein starker Kontrast zum Jahr 1355, als das Kloster von österreichischen Franziskanermönchen gegründet wurde, die nichts Persönliches besitzen durften, ihre Zeit mit Chorgesängen, Gebeten und Arbeit verbrachten und gesundheitlich unter den Folgen von Mangelernährung litten. Mit der Zürcher Reformation zeichnete sich jedoch der Niedergang des Klosters ab. Es wurde 1528 aufgelöst und von der Bevölkerung geplündert, wobei kein Klostergebäude verschont blieb. Die stark verfallene Ruine wurde 1717 als Steinbruch für den Bau des Patrizierhauses «zur Geduld» an der Marktgasse 22 in der Altstadt verwendet.

Seit 1973 steht die Klosterruine unter Bundesschutz, auf dem Beerenberg erhalten geblieben sind nur noch die Mauerreste der Kirche und des Kreuzgangs sowie des Konvents mit dem Grab des Klostergründers Heinrich von Linz.

Adresse Obere Multbergstrasse, 8408 Winterthur-Wülflingen | **ÖV** S 41, Bus 7, Haltestelle Bahnhof Wülflingen | **Tipp** Von hier sind es nur wenige Gehminuten zur idyllisch gelegenen Kunstgalerie Weiertal an der Rumstalstrasse. Besonders im Sommer lassen sich die Winterthurer von den dort stattfindenden Kunstveranstaltungen ins abgelegene Tal locken.

52 Die Köhlerei

Richtig Kohle machen

Es riecht schon von Weitem nach verbranntem Holz, wenn man der Waldstrasse von Ricketwil nach Seen folgt. Auf einer Waldlichtung trifft man schliesslich auf ein übergrosses, maulwurfhaufenartiges Gebilde, aus dessen Mitte weissliche Rauchschwaden zum Himmel steigen. Zelebriert wird hier jedoch kein mystisches Waldritual: Im sogenannten Kohlenmeiler stellt die Köhlerei Andelbach traditionelle Holzkohle her.

Die Köhlerei ist ein Handwerk, das gelernt sein will, damit sich das Holz in Holzkohle verwandelt und nicht etwa zu Asche zerfällt. Dazu schichtet der Köhler auf einem ebenerdigen Platz Holzscheite kreisförmig auf, wobei er in der Mitte ein Loch frei lässt, während er die übrige Holzkonstruktion mit Reisig, Heu und Kohlenstaub abdeckt. In die Öffnung wird nun Holzglut eingelegt, welche das Holz im Meiler zum Schwelen bringt. Je nach Rauchfarbe drosselt der Köhler während des Verkohlungsprozesses die Sauerstoffzufuhr im Meiler, indem er die Löcher darin zustopft. Etwa zehn bis zwölf Tage dauert es, bis das Holz vollständig verkohlt ist. Dann ist der Meiler um ein Drittel geschrumpft, und aus 1.000 Kilogramm Holz sind ungefähr 200 Kilogramm Holzkohle entstanden.

Um den Verkohlungsprozess im Auge zu behalten, lebten die Köhler früher wochenlang in einfachen Holzhütten im Wald. Das ist heute nicht mehr nötig, denn seit der Entdeckung des Erdöls ist die Holzkohle zur Energiegewinnung weitgehend bedeutungslos geworden. Bis ins 19. Jahrhundert war sie jedoch die einzige Möglichkeit, eine solche Hitze zu schaffen, dass Metalle aus Steinen herausgeschmolzen werden konnten. Hätte es die Holzkohle als Vorläufer des Erdöls nicht gegeben, würden wir heute noch mit den Händen statt mit Messer und Gabel essen. Wer miterleben will, wie Holzkohle entsteht, sollte mehrmals vorbeikommen, um die Entwicklung vom Aufbau des Kohlenmeilers bis zu seinem Abbrennen zu beobachten.

Adresse Kirchweg, 8352 Ricketwil (bei der Waldhütte) | **ÖV** S 35, Haltestelle Räterschen, via Andelbachstrasse zum Kirchweg (rund 30 Minuten Gehweg) | **Tipp** Nach Abbrennen des Kohlenmeilers findet jeweils ein Köhlerfest statt. Die genauen Daten sind auf der Website der Köhlerei Andelbach www.kohlenmeiler.ch verzeichnet.

53 Der Kunstkasten

Die kleinste Kunstgalerie

3,86 Meter lang und 2,12 Meter hoch ist die kleinste Galerie der Stadt Winterthur am Rande des Katharina-Sulzer-Platzes, wo auf knapp sechs Quadratmetern zeitgenössische junge Kunst ausgestellt wird. «Kunst muss unter die Leute» war der Ursprungsgedanke der Initiatoren. Und wo wäre das besser möglich, als auf dem neu belebten ehemaligen Sulzer-Firmengelände? Eine Idee, welche die Firma Sulzer begeisterte. So hat das Industrieunternehmen dem Kunstkasten nicht nur ein Bleiberecht auf dem Katharina-Sulzer-Platz verschafft, sondern auch den Sockel erstellt und finanziert, auf dem der kleine Ausstellungsraum nun steht.

Sechs Ausstellungen sind dort pro Jahr zu sehen, wobei die Kuratorinnen viel Wert auf Abwechslung legen. Nebst namhaften Grössen wie Sarah Halblützel, Mickry 3 oder Marko Mijatovic sind im Kunstkasten auch weniger bekannte Kunstschaffende mit ihren Werken vertreten.

Der kleinste Ausstellungsort Winterthurs soll Raum zum Experimentieren bieten. Dabei gewährt der dreiseitig verglaste Kunstkasten an diesem prominenten Standort tiefste Einblicke. Die Gestaltung der Vitrine fordert jedoch nicht nur die Aufmerksamkeit der Kunstschaffenden, sondern ebenso der Vorbeigehenden, die der ausgestellten Kunst mit wachem und offenem Geist begegnen sollten, denn nicht alle Ausstellungen sind auf den ersten Blick als solche zu erkennen. Beispielsweise wenn ein halbes Dutzend Brötchen den Boden des Ausstellungsraums bedeckt und die an den Scheiben angebrachten Strichmarkierungen den Mengenangaben eines Messbechers gleichen.

Ob eine Ausstellung zum Denken anregt, die Menschen verblüfft oder ihnen ein Lächeln auf die Lippen zaubert, erfahren die Kuratorinnen meist nur indirekt: wenn sie sich unter die Gäste der nahe gelegenen Café-Bar Portier mischen und den Gesprächen der Barbesuchenden lauschen.

Adresse Katharina-Sulzer-Platz, 8400 Winterthur | ÖV Bus 1, 5, 7, Haltestelle Brühleck | Tipp Auf dem Lagerplatz befinden sich verschiedene Kulturstätten wie das Kraftfeld, wo regelmässig Konzerte oder Lesungen stattfinden, das Alternativkino Cameo, das Restaurant Les Wagons oder das Portier-Café.

54_Die längste Treppe

Aufwärts

Exakt 425 Meter misst die längste Treppe Winterthurs, die quer durch die Weinreben steil bergan führt – hinauf zum Goldenberg, einem gefragten Ausflugsrestaurant, sowie zum Bäumli, einem ebenso populären Aussichtspunkt. Einfach zu finden ist die Treppe jedoch nicht, weshalb die Stadtverwaltung an der Ecke «Rychenbergstrasse» und «Im Leesteig» gegenüber der alten Kantonsschule wohl vorsorglich ein prominentes weisses Hinweisschild mit schwarzer Aufschrift «Goldenberg» angebracht hat.

Die Treppe zu finden ist das eine, den Aufstieg zu bewältigen das andere. Rund 275 Treppenstufen sind zu erklimmen, wofür etwas Ausdauer vonnöten ist. Während viele Sportbegeisterte Winterthurs steilste Treppe im Sommer als willkommene Outdoor-Trainingsanlage nutzen, um ihren Puls in die Höhe zu schrauben, kommen Untrainierte beim Aufstieg eher unfreiwillig ins Schwitzen. Wer die ersten 100 Stufen erklommen hat, darf kurz aufatmen, sich einen Moment lang auf der braun lackierten Parkbank ausruhen und den Blick über die Winterthurer Rebfelder schweifen lassen, bevor er die letzten Höhenmeter in Angriff nimmt. Einmal mehr ist Durchhalten angesagt, denn mit jeder überwundenen Treppenstufe eröffnen sich bessere Aussichten.

Wer oben angelangt ist, hat bei besonders schönem Wetter eine grandiose Weitsicht über Winterthur bis hin zu den Alpen. Eine Anstrengung, die sich ohne Zweifel lohnt. Hier oben wird verständlich, weshalb sich Winterthur mit seinen vielen Parks und Grünanlagen auch als «Gartenstadt» bezeichnet.

Wer eine Erfrischung braucht, steigt die letzten Höhenmeter bis zum Restaurant Goldenberg hinauf. Wer seinen Spaziergang hingegen fortsetzen möchte, folgt einem der Wege, die sich an die Rebhänge anschmiegen, und gelangt so beispielsweise in die Altstadt zurück, zu den Walcheweihern oder ins Oberwinterthurer Zentrum.

Adresse Rychenbergstrasse 140, 8404 Oberwinterthur | **ÖV** Bus 1, Haltestelle Kantonsschule | **Tipp** Einfach mal Pause machen und sich auf der Mauer beim Aussichtspunkt Bäumli sonnen. Eine Beschäftigung, der bei schönem Wetter zahlreiche Winterthurer frönen.

55__Les Wagons

Vom Uetlibärg nach Winterthur

Mit 35 Stundenkilometern tuckerte 1923 die erste elektrische Uetlibergbahn in Zürich den gleichnamigen Berg hinauf. Für die rastlosen Zürcher des 21. Jahrhunderts war das entschieden zu langsam geworden. Deshalb wurden die Lok und der Personenwagen ausgemustert und ins Luzerner Verkehrsmuseum verfrachtet, während der Gepäckwagen fortan einem ehemaligen Üetlibergbahn-Mitarbeitenden im Turbenthal als Gartenhäuschen diente.

Nach über fünf Jahren wurden die beinahe 100-jährigen Üetlibergbahn-Wagen per Tieflader vom Turbenthal und der Innerschweiz auf ein Abstellgleis auf dem Lagerplatz in Winterthur gebracht. Dort werden sie aber nicht etwa als Nostalgiebahn genutzt, sondern dienen als Restaurant und Bar.

Nähert man sich der Zugkomposition, glaubt man sich in alte Zeiten zurückversetzt. So erinnert nicht nur der Perron mit seiner Retro-Überdachung, den Messinglampen und der Bahnhofsuhr an den Beginn des 20. Jahrhunderts, auch der Gepäck-, der Personen- und der Zugwagen haben den Charme damaliger Zeiten beibehalten: Wo früher Gepäckstücke verstaut wurden, befindet sich eine moderne Küche. Der Personen- und der Zugwagen wurden in eine Bar und einen Gästesaal verwandelt, in dem ungefähr 30 Personen Platz finden.

Wer im Sommer hierherkommt, kann es sich bei schönem Wetter auf den Bänken und Stühlen beim Perron gemütlich machen, der sich dann in eine lebhafte Gartenbeiz verwandelt. Das Ambiente hält, was es verspricht – denn auf die Qualität des Essens wird viel Wert gelegt und mit regionalen sowie saisonalen Zutaten gekocht, die von örtlich ansässigen Kleinbetrieben stammen. Im November 2015 eröffnet, hat sich «Les Wagons» inzwischen zu einem Winterthurer Anziehungspunkt entwickelt. Wer Platz finden möchte, muss sich sputen, denn das trendige Lokal ist mittags und abends meist voll besetzt.

Adresse Lagerplatz 17a, 8400 Winterthur, Tel. 052/5085017 | **ÖV** Bus 1, 5, 7, Haltestelle Sulzer | **Öffnungszeiten** Mi, Do 16–23 Uhr, Fr 16–24 Uhr, Sa 14–24 Uhr | **Tipp** Zwischendurch schliesst das «Les Wagons»-Team Donnerstag abends die Bar und lädt zu einem Abendessen mit vier Gängen ein, wobei das Menu nicht verraten wird.

56 Die letzte Gaslaterne

Energiegeschichten

Die Laterne im Durchgang der Steinberggasse 13 zur Technikumstrasse wirkt reichlich unspektakulär, denn solche Leuchten finden sich in der Innenstadt zuhauf. Dennoch unterscheidet sich diese von allen anderen: Sie ist die letzte funktionstüchtige Gaslaterne in Winterthur.

Die Geschichte der Gasbeleuchtung geht in Winterthur auf das Jahr 1860 zurück: Am 20. Januar jenes Jahres nahm die «Gasanstalt» an der Rieterstrasse in Töss ihren Betrieb auf. Zu Beginn beleuchteten 1.500 Lampen die Strassen der Stadt, etliche Privathäuser sowie Industriebetriebe wie Rieter. Nach knapp sieben Monaten waren bereits 2.200 Leuchten in Betrieb. Die Nachfrage nach Gas stieg so stark, dass die Stadt bald über eine Kapazitätserweiterung des Gaswerks nachdenken musste. Infolgedessen übernahm die Stadt Winterthur 1872 die Aktien der Gaswerksgesellschaft und damit auch die Gasanstalt und baute ein weiteres Gaswerk an der Schöntalstrasse. Bereits im Jahr 1901 wurden zwei Drittel aller Winterthurer Küchen mit Gasherden betrieben. Das war nicht zuletzt ein Verdienst des Gaswerk-Direktors, der den Absatz mit allerlei Werbekampagnen und Schlagworten wie «bequem, sauber und zeitsparend» angetrieben hatte. Geworben wurde etwa für Gas-, Koch- und Heizapparate.

Während des Ersten Weltkriegs schwankte der Steinkohlepreis stark und trieb die Gaskosten in die Höhe. Die sinkende Gasnachfrage konnte erst Mitte der 20er Jahre durch die Eingemeindung der angrenzenden Dörfer wettgemacht werden. Zwei weitere Male investierte die Stadt Winterthur noch in den Ausbau der Anlagen, bevor die Stadt 1974 die Eigenproduktion aufgrund technischer Probleme, zunehmenden Investitionsbedarfs und defizitären Betriebs aufgab und auf Erdgas umstellte. Dieses bezieht Winterthur seither von Erdgas Ostschweiz über ein 250 Kilometer langes Rohrleitungsnetz.

Adresse Steinberggasse 13, 8400 Winterthur (Durchgang beim Nespresso-Laden) | ÖV Bus 2, 2E, 3, 4, Haltestelle Technikum | Tipp Auf dem Gelände des ehemaligen Gaswerks der Stadt Winterthur an der Ecke Schlosshofstrasse/Untere Schöntalstrasse sind die Fundamente der Gasbehälter noch zu erkennen.

57_Das Lokdepot

Auf den Abstellgleisen

Wer die Treppen von der Lindstrasse beim Kantonsspital am nördlichen Ende des Bahnhofs Winterthur zum Gelände der historischen Depotwerkstattanlage hinuntersteigt, bemerkte als Erstes die ausgemusterte rostbraune «Steckdosen-Lok», die mit 250 Volt Gleichstrom fahren konnte. Gebaut von der Schweizerischen Industriegesellschaft (SIG), diente sie dazu, neue Eisenbahnwagen vom Neuhausener Werk zum Bahnhof zu transportieren. Fast 15 Jahre stand die alte Lok auf dem Winterthurer SBB-Lokdepot-Areal, bis sie weichen musste, weil der Platz neu gestaltet wurde.

Auf dem Gelände befinden sich mehrere historische Gebäude, in denen Eisenbahnen repariert, gewartet oder abgestellt wurden. Etwa in den Depotwerkstattanlagen, die alle kauzige Namen tragen wie «Heiri», «Ida» oder «Gusti». Bei Letzterer handelt es sich um einen Riegelbau aus der Eisenbahnpionierzeit.

Das Gebäude mit der ziegelroten Fassade wurde 1859 errichtet und ist damit die älteste Schweizer Depotwerkstattanlage. Sie ist keinesfalls ein Museum, sondern wird von der Betriebswehr der SBB genutzt, die von dort bei Zugunglücken oder Bahnentgleisungen mit einem Löschzug ausrückt. Nebst den Schlafräumen, der Küche, dem Fitnessraum oder den Umziehkabinen der Betriebswehrleute befindet sich darin eine alte Schmiede, in der bis zum Jahr 2005 Metallteile zur Instandhaltung der Eisenbahnen gegossen und bearbeitet wurden.

Daneben stösst man auf dem SBB-Gelände auf ein ehemaliges Haus für Lokführer und Heizer, einen Holzschuppen, der zur Aufbewahrung von Bahnmaterial diente, ein Häuschen für die damaligen Depotarbeiter sowie verschiedene Wohnhäuser für die Angestellten. Die Gebäude können von aussen besichtigt werden, die von den Depots wegführenden Bahngleise darf man aber nicht betreten. Zuwiderhandlungen werden gebüsst.

Adresse Lindstrasse, 8400 Winterthur | **ÖV** Bus 3, Haltestelle Spital | **Tipp** Wer die alte Schmiede besichtigen will, wo früher mit Amboss und Hammer Ersatzteile auf einer Eisen- und einer Aluminium-Esse gefertigt wurden, kann einen Rundgang beim Verein Inbahn buchen. Tel. 052/2027739, www.inbahn.ch

58 Die Mammutbäume

Exil in Winterthur

Je grösser und exotischer, desto besser. Dieser Vorstellung hatten sich offenbar viele Menschen der Oberschicht zum Ende des 19. Jahrhunderts verschrieben. Auch der damalige Winterthurer Stadtgärtner Max Siber liess sich von der Philosophie anstecken. So pflanzten er und seine Nachfolger zwischen 1896 und 1902 exakt 87.600 fremdländische Bäume in den Winterthurer Wäldern, darunter die heute noch hier wachsenden nordamerikanischen Roteichen, Douglasien oder kalifornischen Mammutbäume.

Mit diesen gross angelegten Pflanzenexperimenten sollten schnell wachsende Bäume identifiziert werden, um den steigenden Holzbedarf der rasch expandierenden Industriestadt zu decken. Während die nordamerikanischen Roteichen und Douglasien diesen Ansprüchen noch einigermassen gerecht zu werden vermochten und sich in der Winterthurer Fauna behaupten konnten, erwies sich das Holz der kalifornischen Mammutbäume aus forstwirtschaftlicher Sicht als zu brüchig. Im Gegensatz zu den nordamerikanischen Roteichen werden die Riesenbäume heute deshalb nur noch an wenigen Orten in Winterthur zur Zierde angepflanzt. Etwa an den Walcheweihern, wo im Jahr 2008 die bereits bestehende, zehn Bäume zählende Mammutbaum-Allee an der unteren Weiherstrasse um weitere 30 Exemplare aufgestockt wurde.

Ganz so mächtig wie in ihrer angestammten Heimat, den Westhängen der Sierra Nevada, sind die Winterthurer Mammutbäume jedoch noch nicht: Während in Kalifornien bis zu 3.000 Jahre alte und 100 Meter hohe Baumriesen mit einem Durchmesser von über acht Metern existieren, sind ihre Winterthurer Ebenbilder mehrheitlich erst 110 Jahre alt, messen im Durchschnitt gerade zwei Meter und sind maximal 35 bis 40 Meter hoch. Auf der 2.600 Hektar grossen Waldfläche der Stadt wachsen rund 100 dieser Baumriesen, wobei die ältesten Exemplare bei den Walcheweihern angesiedelt sind.

Adresse Rosentalstrasse, 8400 Winterthur-Veltheim | **ÖV** Bus 3, Haltestelle Loorstrasse | **Tipp** Auf den Schautafeln bei den Mammutbäumen an den Weihern finden sich weitere Informationen zur Herkunft dieser Baum-Exoten.

59 Die Max-Bill-Skulptur

Ein Torbogen zum Durchlaufen

Wie riesengrosse, ineinander verschachtelte Tore wirkt die Skulptur aus italienischem Granit, die Winterthurs berühmter Sohn, Max Bill, im Jahr 1994 entworfen hat. Drei Jahre nach seinem Tod wurde diese nach seinen Plänen vor den Betriebsgebäuden der Stadtwerke an der Unteren Schöntalstrasse errichtet. Die Pavillon-Skulptur ist das grösste öffentlich zu besichtigende Kunstwerk in Winterthur und gehört zu einer Gruppe von Bills Werken, die in verschiedenen Städten ausgestellt sind. Dazu zählt auch jenes an der Bahnhofstrasse in Zürich, wo Max Bills Asche nach seinem Tod im Jahr 1994 verstreut wurde.

1908 an der Rudolfstrasse als Sohn eines Bahnstationvorstands geboren, verbringt Max Bill seine Jugendzeit in Winterthur. Er absolviert eine Silberschmied-Lehre und besucht die Kunstgewerbeschule in Zürich. Darauf folgt ein Architekturstudium am Bauhaus in Dessau, wo Wassily Kandinsky und Paul Klee lehren und ihn massgebend beeinflussen. Max Bill gilt als Vertreter der «konkreten Kunst», die das Ziel hat, «Gegenstände für den geistigen Gebrauch zu entwickeln», und als Universalkünstler, der nicht nur Skulpturen schafft, sondern als Maler, Architekt, Grafiker und Kunstvermittler tätig ist. Daneben unterrichtet er an verschiedenen Schulen, verfasst Bücher, hält Vorträge über Kunst, Architektur und Design und tritt weltweit an Tagungen auf. Für seine Werke erhält er zahlreiche Auszeichnungen, auch von seiner Heimatstadt Winterthur, die ihn im Jahr 1979 mit dem Kulturpreis ehrt. Nach ihm wurden Orte in anderen Städten benannt, wie der Max-Bill-Platz in Zürich-Oerlikon.

Max Bill geht nicht nur beruflich seinen eigenen Weg, sondern auch privat, und nimmt dafür einige Unbill in Kauf. So versteckt er den von den Nazis verfolgten Journalisten Alfred Thomas bei sich und wird als Konsequenz ein halbes Jahrhundert lang vom Schweizer Staat überwacht.

Adresse Untere Schöntalstrasse 12, 8406 Winterthur-Töss | ÖV Bus 1, 5, 7, 11, Haltestelle Gaswerk | Tipp Das Geburtshaus von Max Bill stand an der Rudolfstrasse 2. Es wurde 2021 jedoch abgerissen. Davor erinnerte eine Gedenktafel an den Kunstschaffenden mit der Aufschrift: «Geburtshaus des vielseitigen Kunstschaffenden Max Bill (1908–1994)».

60__Das Milchhüsli

Tratsch und Klatsch von anno dazumal

Farblich mag das «Milchhüsli» nun zwar zur angrenzenden Reithalle passen, von seinem ursprünglichen Charme ist jedoch nicht viel erhalten geblieben. So wurde das einstmals mit hübschen Blumenmotiven bemalte, zwiebelbedachte Häuschen mit derselben rotbraunen Farbe wie die Reithalle übertüncht. Auch die bunt verzierten Fensterläden sind abhandengekommen.

Gebaut wurde das Milchhüsli von den Architekten Fritschi & Zangerl, die in Winterthur mehrere Gebäude errichteten wie das alte Tramdepot mit Reparaturwerkstätten am Deutweg oder die Reihenhäuser für die Post-, Tram- und Eisenbahnangestellten an der Unionstrasse. Ursprünglich stand das zierliche Häuschen am Stadtgarten, gleich neben dem Knabenschulhaus, wo sich heute das Museum Oskar Reinhart befindet. Dort konnte man, wie der Name verrät, zwischen 1914 und 1940 Milch kaufen. Weil es in dieser Zeit nur wenige Möglichkeiten gab, sich «über die Gasse» zu verpflegen, gilt es als eines der ersten «Take-aways» Winterthurs. Gleichzeitig war es eine Alternative zu den zahlreichen Gaststätten, in denen nur alkoholische Getränke konsumiert werden konnten, was vor allem in der Arbeiterschicht die Alkoholabhängigkeit förderte. Die Milchhüsli-Angebote konnten durchaus mit den Alkoholpreisen konkurrieren: So kosteten ein Glas Milch und ein «Büürli» während des Ersten Weltkriegs 15 Rappen.

Das Milchhüsli war aber nicht nur ein Ort, wo man sich schnell verpflegte, sondern einer, wo man sich zur «Znüni-Pause» oder abends nach der Arbeit zu einem Schwatz traf. Pöstler, Bus-Chauffeure oder Schüler der angrenzenden Schule kehrten dort regelmässig ein.

1940 war es mit der Gemütlichkeit allerdings vorbei. Das Milchhäuschen wurde zum Bedauern vieler Winterthurer vom Konsumverein, dem heutigen Coop, geschlossen und anschliessend an seinen derzeitigen Standort beim Reitweg neben der Reithalle versetzt.

Adresse Wildbachstrasse, 8400 Winterthur | **ÖV** Bus 2, 2E, Haltestelle Fotozentrum | **Tipp** In der Reithalle finden regelmässig Anlässe statt. Etwa Fahrradbörsen, Oktoberfeste oder Messen wie Cucina & Tavola.

61 Minigolf im Dunkeln

Unter den Augen von Monstern spielen

Wer das Fantasy-Minigolf im Untergeschoss der ehemaligen Schmirgelei- und Schleifscheibenfabrik am Oberen Deutweg mit einer 3D-Brille betritt, gerät von einem Moment zum anderen in eine 500 Quadratmeter grosse, surreale Unterwelt: Sobald sich die Tür schliesst, ist man von einer undurchdringlichen Rabenschwärze umgeben. Es dauert eine Weile, bis sich die Augen vollends an die Dunkelheit gewöhnt haben und die neongelben Umrisse der 18 Minigolfbahnen sowie die mehr oder weniger erschreckenden Wandgemälde im ehemaligen Luftschutzbunker deutlich auszumachen sind. Gespenstische Geschöpfe und unheilvolle Szenarien lauern im riesigen Minigolf-Spielpark an allen Ecken und Enden: etwa ein riesiges Meeresmonster, das dem Besucher seine Krakenarme aus der Wand entgegenstreckt, eine friedlich im Wasser vor sich hin schwebende Schildkröte, ein zähnefletschendes, hungriges Krokodil, ein geheimnisvoller Wald, eine in stürmischen Gewässern tobende Kriegsschiff-Schlacht, ein angriffslustiger Bär oder ein zum Sprung ansetzender, grimmig dreinblickender Wolf. Ob man sich trotz dieser grusligen Atmosphäre aufs Minigolfspielen konzentrieren kann?

Die Dunkelheit ist überraschenderweise nicht besonders hinderlich, denn dank der neongelb leuchtenden Abschlagspitzen sowie der rötlich und grünlich schimmernden Bälle kann man sich einfach orientieren. Wer Wartezeiten vermeiden möchte, sollte frühzeitig reservieren, denn das Fantasy-Minigolf ist meist gut besucht. Zudem werden zeitgleich höchstens 50 Personen eingelassen.

Sollte es trotzdem einmal zum Schlangestehen kommen, kann man die Zeit im Freizeitpark angenehm überbrücken. Zum Beispiel im Irish Pub Molly Malone, wo man irischen Konzerten lauscht, sich ein kühles Bier genehmigt oder typisches Pub-Food bestellt, das von Fish and Chips über Miesmuscheln, Club Sandwiches und Irish Black Angus Steaks bis zum Veggiburger reicht.

Adresse Oberer Deutweg 4, 8400 Winterthur, Tel. 052/2380818, www.fantasygolf.ch | ÖV Bus 3, 5, 14, Haltestelle Eishalle | Öffnungszeiten So–Di 10–18.30 Uhr, Mi, Do 10–23 Uhr, Fr, Sa 10–1 Uhr | Tipp Wer mehr Action mag, kann im angrenzenden Lasertag-Park eine moderne Form von «Räuber und Polizei» spielen. Dort treten bis zu 30 Spieler gegeneinander an und sammeln Punkte, indem sie mit einem LED-Licht auf den Sensor auf der Weste eines Mitspielers zielen.

62 Das Mördergrab

Ein Winterthurer Krimi

Die Geschichte könnte einem Krimi entstammen: Eine süddeutsche Adlige, die im 15. Jahrhundert mit Hilfe ihres Geliebten ihren Ehemann vergiftet. Doch was hat das mit Winterthur zu tun? Nach dem plötzlichen Tod ihres Mannes gerät die Offenbacherin Elisabetha von Bach unter Mordverdacht. Sie verlässt ihren Heimatort überhastet, um einer Verhaftung zu entgehen, und flüchtet von Basel über Zürich nach Winterthur. Der finanzschwachen Eulachstadt ist die reiche Bürgerin sehr willkommen, denn von ihr verspricht man sich hohe Steuereinkünfte. Die Aufenthaltsbewilligung lässt deshalb nicht auf sich warten.

Die neue Bürgerin verhält sich zunächst überaus vorbildlich: Sie kommt ihren Steuerverpflichtungen pünktlich nach und lässt keine Beichte aus. Ihr friedvolles Leben währt jedoch nicht lange, denn ihr zweiter Ehemann wird auf einer Geschäftsreise in Süddeutschland verhaftet und gefoltert. Er gesteht, das Gift beschafft zu haben, mit dem Elisabetha ihren ersten Mann getötet habe. Daraufhin wird sie ebenfalls festgenommen und verhört. Trotz aller Folterkunst bestreitet sie ihre Schuld. Ohne Geständnis aber keine Verurteilung. Eine peinliche Situation für die Stadt, die sich ausländischem Druck ausgesetzt sieht. Um diesem zu entgehen, wird Elisabetha zwar freigesprochen, aber mit Auflagen: Sie darf sich vorerst nur innerhalb der Stadtmauern bewegen.

Die Zeit heilt bekanntlich alle Wunden. Die adlige Mörderin wird zur angesehenen Bürgerin – nicht zuletzt wegen ihrer beträchtlichen Kirchenspenden wie jener eines Reliquienbehälters im Wert eines kleinen Altstadthauses.

Elisabetha stirbt 1519, als die Pest in Winterthur wütet. Begraben ist sie in der Stadtkirche, rechts vom Haupteingang. Ihre Ruhestätte ist mit einer Grabplatte markiert, die eine Frau in mittelalterlicher Tracht zeigt. Es soll Elisabetha selbst gewesen sein, welche diese hat anfertigen lassen.

Adresse Kirchplatz, 8400 Winterthur | ÖV Bus 2, 2E, 3, 4, Haltestelle Technikum | Tipp Die aussergewöhnlich bunte Innenbemalung der Kirche ist bemerkenswert und gab immer wieder Anlass zu Diskussionen. Sie stammt vom Berner Maler Paul Zehnder, der zwischen 1924 und 1930 daran gearbeitet hatte.

63_Das Morgenland

Tausendundeine Nacht

Schon von Weitem erkennt man den fröhlich-bunten Fahnenwald des Morgenlands. Wer das im Osten von Winterthur gelegene «Refugium für gefährdete Kunstwerke» beim Industriequartier am Hegiberg betritt, landet inmitten einer farbigen Wunderwelt voller Fabelwesen, Naturgöttinnen und Krafttiere. Im verwinkelten Bretterbau reihen sich meterhohe, exotisch wirkende Zwiebeltürme und Bärenmenschen aneinander, während in den Nischen allerlei Nippesfiguren stehen und verschieden grosse, gemusterte Christbaumkugeln von den Wellblechdächern hängen. In all diesem Gewimmel wähnt man sich in Indien oder Pakistan. Diese Länder bereiste Erwin Schatzmann in jungen Jahren und liess sich beim Bau des «Morgenlands» von den dort gewonnenen Eindrücken inspirieren.

Die 900 Quadratmeter grosse, wunderbare Welt des Erwin Schatzmann ist Garten, Atelier, Wohn- und Ausstellungsraum sowie Begegnungsstätte zugleich. Als «bewohnte Skulptur» umschreibt der Künstler sein improvisiert wirkendes Gesamtwerk mit den Terrassen, Unterständen, den Wohncontainern sowie der «Open-Air-Stube». All das hat er selbst erschaffen – aus dem Bauschrott einer abgerissenen Essigfabrik im Quartier. Schatzmanns Kunstwerke stossen auf Begeisterung, mittlerweile findet man sie auch im Altstadtzentrum. Etwa vor der Stadtkirche, wo sich Winterthurer an seiner Hundekopf-Bank mit den Schlangen, Dachs-, Bär- und Biberfiguren erfreuen.

Für Gesprächsstoff sorgte Erich Schatzmann auch mit seiner Forderung nach einem See für Winterthur. Dafür sammelte er so viele Unterschriften, dass im Jahr 1999 eine Abstimmung zustande kam. Zwar wurde das 15 Millionen Franken teure Projekt von zwei Dritteln der Stimmbevölkerung abgelehnt, insgeheim plagt die Winterthurer die Sehnsucht nach einem See aber immer noch, was sich in vielfachem Klagen über das «fehlende Stadtgewässer» äussert.

Adresse Erwin Schatzmann, Hegibergstrasse 16, 8409 Winterthur-Hegi, Tel. 079/6725963, www.erwinschatzmann.ch | ÖV S 35, Haltestelle Hegi, Bus 14, Haltestelle Hegi Bahnhof (11 Minuten Fussweg) | Öffnungszeiten nur mit Führung, bitte telefonisch buchen | Tipp Der See, über den abgestimmt wurde, sollte im Mattenbach-Quartier entstehen. Gleich beim Waldeggweg auf der Wiese neben dem Bauernhofgehöft zwischen zwei Pünten-Arealen.

64 Das Museumscafé

Impressionistische Kunstschätze

Wenn man von der Terrasse des Museumscafés am Römerholz den Blick über die Steinfassade der Villa, die gepflegte Gartenanlage mit den Kieswegen, den gestutzten Hecken und den Bronzeskulpturen schweifen lässt, werden vergangene Zeiten wach. Man fühlt sich an den Beginn des 20. Jahrhunderts zurückversetzt, als reich gewordene Fabrikanten pompöse Villen erbauen liessen, und wähnt sich als Gast eines wohlhabenden Hausherrn, der nur für kurze Zeit sein Heim verlassen hat.

Der letzte Bewohner dieser beeindruckenden Villa war Oskar Reinhart, der hier im Jahr 1965 verstarb. Bevor er sich dem Gemäldesammeln widmete, arbeitete Reinhart im elterlichen Unternehmen mit, einer Winterthurer Handelsfirma, die sich auf den Import von Baumwolle spezialisiert hatte.

Im Jahr 1924 zog er sich mit 39 Jahren aus dem Geschäftsleben zurück und erwarb die Villa am Römerholz, um seine Kunstschätze angemessen in Szene zu setzen. Reinhart war kein Schnäppchenjäger. Ihm war nur das Beste gut genug, wobei es ihm wichtiger war, einzelne Werke origineller Künstler zu besitzen, als Bilder einer bestimmten Zeitepoche anzuhäufen. Einen Schwerpunkt seiner Sammlung bilden die vorimpressionistischen Maler, zu denen Jacques-Louis David, Hofmaler Napoléons gehörte. Eine weitere Vorliebe Reinharts galt den Impressionisten, zu deren Vertretern Pierre-Auguste Renoir, Camille Pissarro oder Claude Monet zählen.

Seine Gemälde sollten nicht nur geladene Gäste zu sehen bekommen, weshalb Reinhart der Stadt Winterthur schon zu Lebzeiten rund 600 Gemälde vermachte, die heute im Museum Oskar Reinhart in der Altstadt ausgestellt sind. Die Römerholzsammlung mit rund 200 Gemälden gelangte nach seinem Tod in den Besitz der Schweizerischen Eidgenossenschaft und gilt heute als eine der bedeutendsten Privatsammlungen der Schweiz.

Adresse Haldenstrasse 95, 8400 Winterthur, Tel. 058/4667740, www.bundesmuseen.ch/roemerholz | **ÖV** Museumsbus, ab Sektor G beim Bahnhof 9.45–16.45 Uhr zu jeder vollen Stunde, Bus 10, Haltestelle Haldengut, Bus 3, Haltestelle Kantonsspital | **Öffnungszeiten** Di–So 10–17 Uhr, Mi 10–20 Uhr | **Tipp** Beim «Museum über Mittag» erfährt man, welche biografischen Reflexe die Künstler in ihren Bildern hinterlassen haben.

65 Der Musikpavillon

Ein teurer Fehlkauf

Über den Musikpavillon beim Stadtpark verlieren Winterthurer nicht allzu viele Worte. Man spricht nicht gerne über die «teuerste Parkbank» Europas, wie eine bekannte Tageszeitung diesen spöttisch betitelte. Dabei wollte die Stadt nur etwas Gutes tun, als sie im Jahr 1991 einen Musikpavillon für «Musizierende aller Stilrichtungen» errichtete: Die Musiker sollten an einer zentralen Stadtlage eine Auftrittsmöglichkeit erhalten. Nach der Einweihung des Pavillons zeigte sich bald, dass die Bühne viel zu klein geraten war, weshalb zusätzliche 130.000 Schweizer Franken investiert wurden, um die Bühne um 26 Quadratmeter zu erweitern. Trotz dieser Ausbesserung wurde der Pavillon nur wenige Male genutzt. Beispielsweise als Fasnachtszelt, für den Elefantenbesuch des Zirkus Knie oder von einem Pfadilager, nicht aber von den Musikern, für die er ursprünglich gedacht war.

In den darauffolgenden Jahren sorgte der teure «Fehlkauf» erneut für Schlagzeilen: «Winterthur will den Musikpavillon für die Öffentlichkeit zurückerobern» oder «Neuer Ärger auf dem Merkurplatz». Hintergrund dieser Presseberichte waren die sogenannten «Randständigen», die den Musikpavillon in Beschlag genommen hatten und dort übernachteten, Drogen und Alkohol konsumierten und eine Menge an Unrat zurückliessen. Mit dem Dokumentarfilm «Anständige Randständige» von Annemarie Friedli aus dem Jahr 2000 avancierten die «Pavillon-Besetzer» sogar zum schweizweiten Gesprächsthema.

Die Musikpavillon-Szene war aber auch Thema im Gemeinderat, der darüber diskutierte, ob der Pavillon abgebrochen oder abgeschlossen werden solle. Ersteres war zu teuer, Zweiteres zu aufwendig. Seither hat die Stadt mehrere Versuche unternommen, um auf dem Merkurplatz für mehr Ordnung zu sorgen: mit einer erhöhten Polizeipräsenz sowie einer Aufwertung des Platzes. Mit mässigem Erfolg.

Adresse Merkurplatz, 8400 Winterthur | ÖV Bus 1, 3, 5, 10, 14, Haltestelle Schmidgasse | Tipp Ein weiterer ausgedienter Musikpavillon befindet sich im Vögelipark an der General-Guisan-Strasse. Er war an der Landesaustellung 1883 in Zürich aufgestellt worden und gelangte danach in den Villengarten von Georg Schoellhorn. 1975 wurde der Musikpavillon «zur Verschönerung des Stadtbilds« an den heutigen Standort versetzt.

66__Die Musikwiese

Weltklassemusik

Hinter dem imposanten Eisentor mit den kunstvoll geschmiedeten Rosenblüten und einem in der Mitte befindlichen Engelsgesicht tut sich für den Besucher eine Märchenwelt auf: Das zinnenverzierte, auf einer Anhöhe thronende ockerfarbige Backsteingebäude mit den quer über den Parkrasen verlaufenden, verschlungenen Kiespfaden, den wegsäumenden majestätischen Bäumen sowie den lavendelgeschmückten Rosenbeeten am Rande der Rasenfläche könnte einem Walt-Disney-Film entstammen.

Erbaut wurde die Villa Rychenberg mitsamt angrenzender Parkanlage im Jahr 1888 für den Winterthurer Unternehmer Theodor Reinhart. Nach dessen Tod erbt der drittälteste Sohn Werner im Jahr 1919 das Anwesen. Als Mäzen, Mitglied des Musikkollegiums sowie Präsident der Konzertkommission fördert Werner Reinhart zeitlebens die Musik in Winterthur und pflegt Kontakte zu Künstlern wie Richard Strauss, Honegger, Strawinsky oder Schoeck, die in der Villa häufig zu Gast sind.

Nach Reinharts Tod gelangen Haus und Parkanlage in den Besitz des Musikkollegiums, eines der ältesten Orchester Europas, das 1629 von Musik-Laien gegründet wurde und aus dem 1875 das Stadtorchester Winterthur hervorgeht. Anfang der 2000er Jahre wird dieses in Musikkollegium umbenannt, ein Name, unter dem das Orchester etliche Tonaufnahmen eingespielt hat und oft aufgetreten ist.

Die rund 50 Musiker sind auf klassische, frühromantische sowie Werke des 20. Jahrhunderts spezialisiert und geben sich mit dem Classic Open Air jeweils im Juni im Rychenberg-Park ein musikalisches Stelldichein. Dieses kann man stilgerecht geniessen, wenn man sich ein Ticket für einen Platz auf der Wiese mitsamt Picknickkorb und Sonnenschirm ergattert und es sich bei erstklassigem Wein und Winterthurer Köstlichkeiten auf einer mitgebrachten Decke bequem macht, während man der Musik lauscht.

Adresse Rychenbergstrasse 94, 8404 Oberwinterthur | **ÖV** Bus 10, Haltestelle Musikschule | **Tipp** Das Musikkollegium tritt an weiteren Orten in Winterthur auf, wobei manche der Konzerte sogar kostenlos sind. Eine Platzreservation empfiehlt sich. www.musikkollegium.ch

67 Das Nägelsee-Kanalbad

Das Trinkbrünneli

Einst planschten die Kinder der Rieter-Fabrikarbeiter im Nägelsee-Kanalbad, welches sich an der Metzgerstrasse auf dem Gelände der Firma Rieter in Töss befand. Der Kanal und das angrenzende Nichtschwimmerbecken bildeten ein beliebtes Freibad, welches die Tössemer an warmen Sommertagen über Jahrzehnte hinweg bevölkerten. Während die Kleineren im Nichtschwimmerbecken herumtollten, liefen die Grossen flussaufwärts und schwammen den Rieter-Kanal hinunter.

Als 1970 die Badeanstalt Auwiesen in Töss eröffnet wurde, waren die Tage des charmanten Rieter-Kanalbads jedoch gezählt: Es wurde geschlossen und das hölzerne Garderobenhäuschen sowie das Nichtschwimmerbecken abgebrochen. An das frühere Freibad erinnert nur noch der kelchförmige steinerne Trinkbrunnen, an dem sich die Tössemer Jugend erfrischte. Dieser befindet sich inmitten einer 1.400 Quadratmeter grossen Parkanlage, welche 1972 auf dem Freibad-Grundstück zwischen Töss und Rieter-Kanal errichtet wurde. Wer dem Kiesweg entlang des dreieckig angelegten Parks folgt, erblickt zu seiner Linken die rauschende Töss und zu seiner Rechten den sanierten und restaurierten Rieter-Kanal. Auch ein Blick zurück auf die letzte Bogenträger-Eisenbrücke Winterthurs lohnt sich, die nach der grossen Überschwemmung im Jahr 1881 errichtet wurde.

Bei schönem Wetter lässt es sich in dieser Landschaftsidylle wahrlich aushalten. Etwa, um am renaturierten Tössufer ein Mittagsschläfchen zu machen, auf einer der Parkbänke zu meditieren, Fischreiher zu beobachten oder nach Eisvögeln Ausschau zu halten, die in der Nähe nisten. Wer des Sonnenbadens müde ist, folgt dem breiten Kiesweg entlang des ehemaligen Freibads, der nach wenigen Minuten Gehzeit in einen Trampelpfad mündet. Unter einer Brücke hindurch führt der Weg zur viel befahrenen Schlosstalstrasse, wo sich die Haltestelle von Bus 7 befindet.

Adresse Metzgerstrasse/Emil-Klöti-Strasse, 8406 Winterthur-Töss | ÖV Bus 1, 5, 11, 660, Haltestelle Zentrum Töss (5 Minuten Gehweg) | Tipp In unmittelbarer Nähe befindet sich an der J.-C.-Heer-Strasse Nummer 7 das Geburtshaus des Winterthurer Dichters J. C. Heer (siehe Ort 45), woran nebst dem Strassennamen ein Schild an der Hausfassade erinnert.

68_Die Nagli

Die letzte Nagelfabrik der Schweiz

Tack, tack, tack. In regelmässigem Rhythmus heben und senken sich die Hämmer der mächtigen, dreieinhalb Meter hohen Maschinen und schlagen heftig auf die dicken Drahtstücke ein. In gleichbleibendem Takt wird der Draht gerichtet und nachgezogen, am einen Ende zugespitzt und am anderen ein Nagelkopf geschlagen, während die fertigen Nägel in die Auffangbehälter vor den Maschinen purzeln. Auch wenn die Nägel kalt bearbeitet werden, sollte man sie jetzt besser nicht berühren, denn durchs Draufhämmern sind sie so erhitzt worden, dass man sich dabei Brandblasen an den Händen zuziehen würde.

Die fünf Nagelmaschinen, die in der historischen Halle in regelmässigem Rhythmus vor sich hin stampfen, stammen aus dem Jahr 1895 und stehen immer noch dort, wo sie vor knapp 125 Jahren platziert wurden. In Bewegung gesetzt werden sie über eine zwölf Meter lange, an der Decke montierte Transmissionsanlage und über sogenannte Wellen und Riemen in Bewegung gesetzt. Bis zu 60 Nägel pro Minute können diese Maschinen erzeugen. Das verblüfft, wenn man die maschinelle Leistung mit jener eines vorindustriellen Nagelschmieds vergleicht: Denn dieser konnte in einer Minute nur einen einzigen Nagel herstellen!

Die Zeit scheint in der Nagelfabrik eingefroren zu sein. Alles ist, wie es immer war. So wurde das Nagelfabrik-Gebäude ebenso wenig verändert wie das Meisterbüro, die Spedition, die Verpackerei oder die Putzerei.

Was nur wie ein Schauwerk aussieht, erweist sich als funktionierende Nagelfabrik, in der derzeit ein halbes Dutzend Beschäftigte auf modernen Maschinen rund 300 verschiedene Nagelsorten für alle möglichen Verwendungszwecke herstellen. Beispielsweise einen Präzisionsnagel, der in Elektroautos für elektronische Bauteile verwendet wird. Jährlich verlassen rund 200 Tonnen Nägel die Fabrik beim Bahnhof Grüze.

Adresse St. Gallerstrasse 138, 8404 Oberwinterthur, www.nagli.ch | **ÖV** S 12, 26, 35, Haltestelle Grüze, Bus 5, 14, Haltestelle Rudolf-Diesel-Strasse | **Öffnungszeiten** 75-minütige Führung am 1. Sa im Monat, eine Anmeldung ist nicht nötig | **Tipp** Der Verein «Industrie- und Bahnkultur-Ausflüge» bietet weitere historische Industriekultur-Führungen an. Zum Beispiel durch das ehemalige Sulzer-Areal oder die älteste Fabrik der Schweiz. Tel. 052/2027739, www.inbahn.ch

69 Der Nationalbahnzaun

Die grosse Bahnpleite

Der Zaun entlang der Freiestrasse im Tössfeld sieht reichlich unspektakulär aus. Wäre da nicht dieses kleine Detail: Als Pfosten dienen nämlich alte, rostige Bahnschienen aus dem 19. Jahrhundert. Historiker vermuten, dass diese von der Nationalbahn stammen. Jener Bahn, die im Jahr 1878 für die grösste Bahnpleite aller Zeiten sorgte. Die ältesten Schienen sollen 1875 in der Strecke Winterthur–Bauma verbaut gewesen sein, jene von 1876 stammen von der Strecke Winterthur–Koblenz sowie Winterthur–Zofingen.

Ursprünglich sollte die Nationalbahn das «volksnahe» Gegenstück zum Bahnprojekt des mächtigen Industriellen Alfred Escher werden und vom Boden- bis zum Genfersee reichen. Und mittendrin: Winterthur. Die Bahnvision stammte vom damaligen Winterthurer Stadtpräsidenten Johann Jakob Sulzer. Finanzieren sollten das Projekt vor allem jene Städte und Gemeinden, die an das Bahnnetz der Nationalbahn angeschlossen waren. Ausserdem wurden Aktien und Obligationen herausgegeben. Die Weltwirtschaftskrise und das nachlassende Interesse an Bahnpapieren durchkreuzten diese ehrgeizigen Pläne jedoch. Bauverzögerungen und eine höhere Kostenbeteiligung der Gemeinden und Städte waren die Folgen. Im Übrigen führten Projektkostenüberschreitungen, eine schwache Auslastung sowie Eschers Konkurrenz-Angebote dazu, dass die Nationalbahn wiederholt in Geldnot geriet. Zwar wurde die Strecke Winterthur–Baden am 15. Oktober 1877 noch eröffnet, drei Monate später konnten die Zinsen auf die herausgegebenen Anleihen jedoch nicht mehr bezahlt werden.

Im Februar 1878 wurde die «Volksbahn» deshalb vom Bundesgericht zwangsliquidiert und 1880 für ein Butterbrot an den Erzfeind, Alfred Eschers Nordostbahn, verkauft. Um die Schulden des Nationalbahndebakels zu tilgen, musste die Stadt Winterthur ihren gesamten Grundbesitz verpfänden. Erst im November 1952 leistete Winterthur die letzte Schuldzahlung.

Adresse Ecke Dammstrasse/Freiestrasse, 8406 Winterthur-Töss | **ÖV** Bus 11, Haltestelle Tössfeld | **Tipp** Ganz in der Nähe befindet sich das neu entstehende Stadtquartier im Sulzerareal, mit Läden, Cafés und Bars.

70 Das Naturbad Geiselweid

Biobadeplausch

Wer den Gesprächen der Winterthurer lauscht, vernimmt oft, wie bedauerlich es doch sei, dass Winterthur keinen eigenen See habe. Das mag zwar stimmen, an Möglichkeiten, sich an heissen Tagen ins kühle Nass zu stürzen, fehlt es jedoch nicht. Da wäre zum Beispiel das grösste und älteste Freibad der Schweiz, das Geiselweid. Dieses wurde im Jahr 1911 auf einer Fläche von 900 Quadratmetern eröffnet und war das erste Schweizer Freibad mit einem 50 Meter langen Olympia-Schwimmbecken. Seitdem hat das «Geisi» bei den Winterthurern nichts von seiner Popularität eingebüsst. So vergnügen sich dort bei sonnigem Wetter täglich rund 2.500 Personen.

In seiner langen Existenz zeigte sich das «Geisi» nicht immer von der besten Seite. So war dieses in den 2000er Jahren in einen desolaten Zustand geraten: Chlorhaltiges Schwimmbadwasser sickerte aus dem Becken ins Winterthurer Grundwasser, Reben rankten sich um bröckelig gewordene Betonblöcke, und die Platten rund ums Becken waren aufgeraut und zeigten immer mehr Risse. Dennoch wurde eine Sanierung lange aufgeschoben. Nach langem Hin und Her wurde das Freibad 2007/2008 für 7,09 Millionen Schweizer Franken renoviert.

Seitdem darf sich das «Geisi» mit einer zusätzlichen Superlative schmücken: Es hat das grösste Naturbad der Schweiz. Dieses kommt ganz ohne Chemie aus und reinigt sich durch einheimische Pflanzen, die sich im angrenzenden Wasser-Naturgarten befinden. Nicht nur Schwimmer profitieren von dieser neuen Bademöglichkeit, auch für Nichtschwimmer ist gesorgt. Für sie wurde ein Teil des Beckens speziell abgegrenzt. Ins Naturbad einzutauchen ist jedoch nichts für Kälteempfindliche, denn im unbeheizten Becken ist die Wassertemperatur deutlich niedriger als im Olympiabecken mit konstanten 25 Grad. Zugänglich ist das Naturbad jeweils während der Öffnungszeiten des Freibads von Mai bis September.

Adresse Pflanzschulstrasse 6a, 8400 Winterthur, Tel. 052/2674040, www.stadt.winterthur.ch | **ÖV** Bus 2, Haltestelle Deutweg | **Öffnungszeiten** Bitte Website konsultieren | **Tipp** Winterthur hat für Freibad-Fans viel zu bieten. So gibt es in Oberwinterthur, in Töss, in Wülflingen und auf dem Wolfensberg weitere Bademöglichkeiten, wobei jedes Freibad seine Eigenheiten hat.

71 Das Neuburg-Quartier

Ein Museumsdorf

Felder, Wiesen, Äcker und Wälder, so weit der Blick reicht. Etwa 30 Gehminuten vom Bahnhof Wülflingen entfernt, befindet man sich in einer wildromantischen Gegend, die an ein altes Landschaftsgemälde erinnert. Auf einer Anhöhe zwischen Dättnauertal, Rumstal und dem Chomberg liegt das ehemalige Weinbaudorf Neuburg, dessen Name sich von einer nahe gelegenen Burgruine ableitet. Wer Neuburg durchschreitet, wähnt sich im 19. Jahrhundert, als die rund 170-köpfige Dorfgemeinschaft vom Weinbau lebte und auf einer Fläche von zehn Hektar Reben anbaute.

Von der Weinbautradition zeugen heute noch einige Gebäude wie das Riegelhaus am Dorfeingang, in dem bis in die 1880er Jahre Wein gekeltert wurde. Ein Ende des Weinbaus zeichnete sich ab, als sich verschiedene Schädlinge wie die Reblaus oder Rebkrankheiten wie der Mehltau ausbreiteten und den Rebbestand erheblich gefährdeten. Nebst der ehemaligen Weintrotte beschwören die Wohnhäuser sowie das ehemalige Landschulhaus mit Türmchen und Glocke aus dem Jahr 1838 frühere Zeiten herauf. Dass Neuburg seinen historischen Charakter weitgehend bewahrt hat, ist verschiedenen Bauverordnungen zuzuschreiben. Dank seines intakten Dorfkerns ist Neuburg im Inventar der regional geschützten Ortsbilder aufgeführt, was hoffen lässt, dass das Dörfchen mit seinem historischen Erscheinungsbild auch künftig erhalten bleibt.

Die Idylle hat jedoch auch Schattenseiten: So ist Neuburg mit öffentlichen Verkehrsmitteln nicht zu erreichen, und einen Lebensmittelladen gibt es seit Jahren nicht mehr. Einem hungrigen und durstigen Wanderer bleibt deshalb nichts anderes übrig, als sich mit Mitgebrachtem aus dem Rucksack oder in der Neuburger Gastwirtschaft zu verpflegen.

Wer sich gestärkt hat, kann den weitläufigen Feld- und Waldwanderwegen folgen, die nach Dättnau oder Töss führen, oder zum Bahnhof Wülflingen zurückmarschieren.

Adresse Neuburg, 8408 Winterthur-Wülflingen | **ÖV** Bus 7, S 41, Haltestelle Bahnhof Wülflingen | **Tipp** Der Wanderweg in Richtung Töss führt über einen schmalen Höhenweg, der von wettergepeitschten Tannen gesäumt ist und von wo man auf halbem Weg auf die Ruine Alt-Wülflingen blickt.

72 Das Paradiesli

Winterthurer Schlittelfreuden

Kaum sind die ersten Schneeflocken gefallen und haben den Hügel oberhalb des Bühlackerwegs in Seen mit ihrer dünnen weissen Pracht bedeckt, verwandelt sich das «Paradiesli» bei schönem Winterwetter in ein Schlittelmekka der Winterthurer Bevölkerung. Alt und Jung tummeln sich auf dem schmalen Feldweg am Rande des steilen Schlittelhangs unterhalb des Eschenbergs, um in tollkühnem Tempo auf ihrem Gefährt den schneebedeckten Hang hinunterzugleiten. Während kleinere Kinder ihre Schlitten hinter sich herziehend den Hang hinauftrotten, um zum wiederholten Mal hinabzusausen, errichten die Grösseren inmitten des Hangs Schneeschanzen, um bei der darauffolgenden Schlittelfahrt noch weiter zu fliegen, veranstalten eine Schneeballschlacht oder bauen am Rande der Piste schiefe Schneemänner. Kinderlachen und Gekreische vermischen sich mit dem lauten Jubel der Erwachsenen, die sich wie die Kleinen am wilden winterlichen Spektakel erfreuen.

Im allgemeinen Stimmengewirr sind aber auch Wehklagen, Tränenausbrüche oder schadenfrohes Gelächter der Zuschauer auszumachen, denn nicht jede Schlittenfahrt endet am Fusse des Hügels: Häufig landen ungeübte Schneepiloten noch vor der Zieleinfahrt mit einem mehr oder weniger spektakulären Sturz im Schnee. Das tut dem allgemeinen Schlittelvergnügen jedoch keinen Abbruch. Auch dann nicht, wenn sich die nur noch spärlich vorhandene weisse Pracht bereits mit brauner Ackererde vermischt. Jeder Quadratzentimeter Schnee wird von den Winterthurern genutzt, denn dieser macht sich selbst in den Wintermonaten oft rar, und wer weiss, wie lange er liegen bleibt, wenn es schon mal geschneit hat.

Das winterlich verschneite Paradiesli dient den Winterthurern seit langer Zeit für Schlittelabenteuer. Während des Ersten Weltkriegs kurvten dort sogar die Mitglieder des Skiclubs Winterthur aus Mangel an alternativen Pisten mit ihren Skiern herum.

Adresse Sennhofweg, 8405 Winterthur-Seen | **ÖV** Bus 2, Haltestelle Hinterdorf-Seen | **Tipp** In Winterthur gibt es noch viele weitere Schlittelwege. Beispielsweise in Oberwinterthur am Tössertobel bei der Rychenbergstrasse oder an der Wolfensbergerstrasse oberhalb der Chalets.

73_Der Pilz

Vom Regen in die Traufe?

Wer am Bahnhof in Winterthur die Treppe zum Bahnhofplatz hochsteigt, bemerkt als Erstes das grosse metallene «Lochblechdach». Dieses scheint in luftiger Höhe über den Stadtbussen zu schweben, die hier anhalten und abfahren. Das Objekt hat bereits während seiner Bauzeit für reichlich Gesprächsstoff unter den Winterthurern gesorgt, wobei die Meinungen über das alles dominierende Bauwerk am Bahnhofplatz anfänglich weit auseinandergingen: Während die Stadtregierung dieses als neues Wahrzeichen und Visitenkarte der Stadt Winterthur lobte, glaubten andere in dem monumentalen Bauobjekt vor allem einen Winterthurer Minderwertigkeitskomplex gegenüber den Zürchern zu erkennen.

Die Diskussionen sind indessen verstummt: Die Winterthurer haben sich an den graufarbenen Stahlkoloss mit dem weit hervorstehenden, 1.500 Quadratmeter grossen löchernen Dach gewöhnt, welches täglich 90.000 durcheilende Passanten vor Wind und Wetter schützt. 354 Tage dauerte es vom Baubeginn bis zur Einweihung der markanten Dachkonstruktion. Dabei wurden 300 Tonnen Stahl verbaut, 180.000 Löcher ins Aluminiumdach gebohrt, 2.000 Einzelteile verschweisst und eine 60 Tonnen schwere Glasplatte darüber angebracht, um die Passagiere vor Regengüssen und Wind zu schützen. 830 Quadratmeter misst die neue überdachte Fläche und ist damit rund 100 Quadratmeter grösser als die frühere.

Im Juni 2013 vom Stadtrat feierlich in Betrieb genommen, hat das Bauwerk von der Bevölkerung bald darauf einen Spitznamen erhalten: «der Pilz». Eine treffende Bezeichnung, denn mit seinem Lochdach und dem sieben Meter hohen Pfeiler, auf dem die Dachplatte ruht, gleicht das Bauwerk tatsächlich einem solchen Organismus.

Ob man die Bahnhofplatzüberdachung mag oder nicht: Allen Unkenrufen zum Trotz hat sie unter den Fotografen Kultstatus erreicht und gehört mittlerweile zu den meistfotografierten Bauobjekten Winterthurs.

Adresse Bahnhofplatz, 8400 Winterthur | **ÖV** direkt vor dem Bahnhof | **Tipp** Rund um den Bahnhof befindet sich die Ausgehmeile Winterthurs. Etwa mit dem Salzhaus oder dem Bolero Club, wo verschiedene Partys und Konzerte stattfinden, dem Alternativ-Theater «Theater am Gleis», der Coalmine oder verschiedenen Bars wie der Arch-Bar, Zimmer 31 oder der Manta-Bar.

74_Pirmins Quelle

Mitten im Wald

Mitten im Chomberger Wald befindet sich auf genau 555 Meter über Meer eine geheimnisvolle Wasserquelle. Bis zum Höhleneingang sind vom Waldweg nur einige Treppenstufen zu erklimmen. Dann steht man vor dem mit einem Betonrahmen umfassten, efeuüberwachsenen Höhleneingang. Einige Schritte über glitschige Trittsteine und man hat das Höhlenende erreicht, wo das Wasser munter aus einer Felsspalte herunterplätschert.

Weshalb diese Quelle nach dem heiligen Pirmin benannt wurde, ist umstritten. Der Sage nach soll sich Pirminius im 8. Jahrhundert in der Gegend niedergelassen haben. Allerdings lässt sich das mit Fakten nicht belegen. Sicher ist einzig, dass es einen gleichnamigen Heiligen gab, der durch Europa zog und zehn bis zwölf Klöster – darunter das Kloster Reichenau im Jahr 724 – gründete. Der umtriebige Klostergründer soll sich auch in Pfungen – unweit von Winterthur – aufgehalten haben. Ein Kloster durfte er dort aber nicht gründen: Der Bischof von Konstanz soll dagegen gewesen sein. Eine Anekdote? Vermutlich schon. Erstmals schriftlich erwähnt wird die Pirmins-Quelle jedenfalls im Jahr 1667. Doch bald darauf gerät sie wieder in Vergessenheit. Erst gegen Ende des 19. Jahrhunderts machen sich die Winterthurer die Quelle wieder zunutze: Sie dient der Wasserversorgung der wachsenden Gemeinde Wülflingen.

In den 1970er Jahren droht die Höhle jedoch einzustürzen, weshalb die Stadtverwaltung sie restaurieren lässt und 1978 dem Publikum wieder zugänglich macht. Seither ist unterhalb der Höhle ein grosser Stein mit der Aufschrift «Pirminsbrunnen» zu finden. Um dorthin zu gelangen, erweisen sich digitale und analoge Karten als nützlich, denn die Wegsignalisierung ist äusserst dürftig. Von der Endstation des Stadtbusses Nummer 5 (Dättnau) gelangt man in knapp 20 Minuten über einen steilen, kurvigen Waldweg dorthin.

Adresse Obere Holenstrasse, 8408 Winterthur | **ÖV** Bus 5, Haltestelle Dättnau | **Tipp** Von Dättnau aus kann man viele wunderschöne Spaziergänge durch das Naturschutzgebiet machen.

75 Ein polnisches Dankeschön

Ende gut, alles gut

«Der gastfreundlichen Stadt Winterthur. Die polnischen internierten Studenten 1940–1945», lautet die Inschrift der bronzenen Gedenktafel, die an der Seitenwand des Gewerbemuseums in unmittelbarer Nähe der Stadtkirche angebracht ist. Es ist ein Mahnmal an den Zweiten Weltkrieg, als beim Vormarsch der deutschen Armee im Juni 1940 etwa 12.000 polnische und 38.000 alliierte Soldaten in den schweizerischen Jura abgedrängt wurden.

Zuvor waren die Polen vor Hitlers und Stalins Truppen über verschlungene Wege nach Frankreich geflohen, um sich den Alliierten anzuschliessen. Diese hatten dort begonnen, polnische Divisionen aufzustellen, wobei die zweite Schützendivision den Durchmarsch der Deutschen ins Mittelland hätte verhindern sollen. Angesichts der überlegenen Wehrmacht und des Munitionsmangels erwies sich dieser Plan als undurchführbar. Um nicht in deutsche Kriegsgefangenschaft zu geraten, überquerten die Polen sowie die alliierten Soldaten in der Nacht vom 19. zum 20. Juni 1940 mit Genehmigung der Schweizer Regierung die Grenze beim jurassischen Städtchen Goumois.

Während die verbündeten Soldaten bald in ihre Heimat zurückkehren konnten, blieben die Polen bis zum Kriegsende in der Schweiz. Zuerst im Napfgebiet sowie im Berner See- und Oberland untergebracht, wurden sie später auf verschiedene Privatquartiere verteilt und gelangten so nach Winterthur. Hier schrieben sich während ihrer Internierung 300 Polen an der Hochschule ein, um Architektur, Bauingenieurwesen, Maschinenbau oder Chemie zu studieren. Selbstbestimmt lebten sie nicht: Sie mussten Uniform tragen, konnten nur zu bestimmten Zeiten ausgehen und durften keine Schweizerin heiraten. Während der Semesterferien leisteten die Polen verschiedene Arbeitseinsätze und bauten unter anderem 63 Brücken und 450 Kilometer Strassen in der Schweiz.

Adresse Gewerbemuseum Winterthur, Kirchplatz 14, 8400 Winterthur | ÖV Bus 2, 2E, 3, 4, Haltestelle Technikum | Tipp Manche Polen blieben in Winterthur und haben wie der Künstler Mathis Piotrowski ihre Spuren hinterlassen. So ist an der Scheideggstrasse bei der Gutschick-Überbauung Piotrowskis sechs Meter hohe Stelen-Skulptur «Akrobaten» zu sehen.

76 Das Restaurant Frohsinn

Alleine auf weiter Flur

Folgt man dem gelb beschilderten Wanderweg von Oberseen zum 130 Einwohner zählenden Weiler Eidberg, geht es zwischen Äckern und Kuhwiesen eine halbe Stunde steil bergan. Wer diese Mühsal auf sich nimmt, hat von der Anhöhe einen Rundblick über ganz Winterthur, bei schönem Wetter sogar bis in die Alpen. Die Landschaft lockt zu ausgedehnten Spaziergängen: beispielsweise nach Oberricketwil, wohin der Wanderweg bei der Pferdekoppel führt. Dort angekommen, lässt sich die Gehzeit um weitere zwei Stunden verlängern, wenn man über Winterthur-Hegi oder Seen wandert.

Wer vom Aufstieg zum Eidberg zu erschöpft ist, um sich gleich an den Rückweg zu machen, sollte besonders an warmen Sonnentagen im lauschigen Garten des Ausflugsrestaurants Frohsinn eine wohlverdiente Rast einlegen. Denn nach dem anstrengenden Aufstieg schmecken der Kaffee und das Eis im Schatten der Kastanienbäume gleich doppelt so gut. Ein Zwischenstopp lohnt sich auch für eine ausgedehnte Mahlzeit. So wird im Frohsinn nur mit frischen Zutaten gekocht, etwa mit Kalb- und Rindfleisch und Eiern von den Bauernhöfen des Weilers.

Die Gastwirtschaft hat Tradition, auf dem Eidberg wird seit 1878 gewirtet, als das alte Bauernhaus zu einer Gaststätte umfunktioniert wurde. 1974 kaufte die Stadt Winterthur das Restaurant einem schwer erkrankten Wirt ab, um die Gastwirtschaft zu retten, die bis heute die einzige in der Gegend ist. Aufgrund der finanziellen Schieflage Winterthurs sah sich der Stadtrat bereits 2014 gezwungen, verschiedene Restaurants in Stadtbesitz wieder zu veräussern. So auch das Frohsinn. Als diese Verkaufsabsichten bekannt wurden, gründeten die Eidberger zusammen mit anderen Winterthurern eine Genossenschaft und beschafften kurzerhand so viel Kapital, dass sie der Stadt die Liegenschaft abzukaufen vermochten. Seither betreiben sie das Restaurant in Eigenregie.

Adresse Hulmenweg 33, 8405 Winterthur-Seen, Tel. 052/2321935 | ÖV Bus 9, Haltestelle Eidberg | Öffnungszeiten Mi–Sa 10–22 Uhr, So 10–21 Uhr | Tipp Wer eine sportliche Herausforderung mag, gelangt vom Eidberg aus zum Hulmen – dem höchsten Punkt Winterthurs, der sich auf 682 Metern befindet.

77_Das Rieter-Kanal-Wehr

Auf dem Trockenen

Vom industriell genutzten Kanal, der das Wasser früher zum Gelände der Maschinenfabrik Rieter leitete, um dort die Turbinen anzutreiben, ist heute nicht mehr viel zu sehen. Wer dem schmalen Trampelpfad folgt, der sich bei der Auwiesenstrasse an der lang gezogenen Wohnüberbauung vorbeischlängelt, mag erahnen, wo sich der Industrie-Kanal einst befand. Nämlich dort, wo der schmale Weg auf einer kleinen Anhöhe parallel zur Töss verläuft.

Der Rieter-Kanal existierte bis in die 1990er Jahre und wurde erst zugeschüttet, als das nahe gelegene Grundstück bei der Neumühle bebaut werden sollte. «Sicherheitsbedenken», namentlich die Angst vor Überschwemmungen, bewogen die Bauherren damals zu diesem unwiderruflichen Akt.

Damit verlor der Stadtteil Töss vor über 25 Jahren ein bedeutendes historisches Industrie-Kulturgut. Übrig geblieben ist ein altes Wehr, das dazu diente, den Wasserzufluss zum Rieter-Kanal zu steuern. Es liegt in unmittelbarer Nähe zur Eisenbahnbrücke, dic nach Zürich führt, gleich unterhalb eines Kiesparkplatzes. Einfach zu finden ist es jedoch nicht, denn Gebüsche und Bäume verdecken die Sicht.

Mit dem Kanal mag ein Stück der Industriegeschichte verloren gegangen sein, andere Kulturgüter wurden hingegen wiederbelebt. Etwa das wenige Gehminuten entfernte, flussaufwärts gelegene Rieter-Kleinwasserkraftwerk, das sich am renovierten Industriekanal beim Firmengelände des Maschinenbauunternehmens befindet. 1915 von Rieter erstellt, um den wachsenden Energiebedarf des Unternehmens zu decken, wurde es 1994 stillgelegt und Anfang der 2000er Jahre an die Schaffhauser Nordstrom AG verpachtet. Das Stromunternehmen renovierte das Kleinwasserkraftwerk und nahm es 2006 in Betrieb. Seitdem wird in Niedertöss wieder Strom produziert: Pro Jahr sind das etwa 800.000 Kilowatt, die in das Winterthurer Stromnetz eingespeist werden.

Adresse 8406 Winterthur-Töss | **ÖV** Bus 5, Haltestelle Schwimmbad Töss | **Tipp** Eine besonders beliebte Badestelle an der Töss befindet sich gleich gegenüber dem Wehr, wo man grillen und im Wasser planschen kann.

78 Der Römertempel

Überreste einer untergegangenen Kultur

Viel ist nicht vom prachtvollen Tempel übrig geblieben, den die Römer um das Jahr 80 vor Christus in Oberwinterthur gebaut hatten: Nur wenige Steine haben die Zeit auf dem Kirchhügel bei der reformierten Kirche Sankt Arbogast überdauert. Die Steinmauern auf der Rasenfläche vor der Kirche geben zwar einen Hinweis auf die Grösse der römischen Tempelanlage, es fällt jedoch schwer, sich auszumalen, wie diese im Detail ausgesehen hat.

Historiker haben eine genauere Vorstellung davon: Auf ihren Zeichnungen erkennt man einen viereckigen Tempel mit einem um das Gebäude herumführenden Säulengang sowie ein Thermalbad, das sich in dessen unmittelbarer Nähe befand. «Vitudurum» hiess die römische Strassensiedlung, zu welcher der Tempel sowie die Thermalanlage gehörten. Sie wurde bis zum Jahr 70 nach Christus an einem römischen Verkehrsweg errichtet, der von Vindonissia (Brugg) über Ad Fines (Pfyn) bis zum Lacus Brigantinus (Bodensee) führte. Nebst den Fachwerkhäusern gab es viele Werkstätten, wo Schuhmacher, Töpfer, Schmiede oder Gerber ihr Handwerk betrieben. Es muss ein friedliches und prosperierendes Leben gewesen sein. Jedenfalls bis zum 3. Jahrhundert nach Christus, als alemannische Stämme die Grenzen des Römischen Reichs zunehmend unsicher machten und die Einwohner wiederholt überfielen. Von diesen Übergriffen blieb auch «Vitudurum» nicht verschont. Infolgedessen bauten die Menschen den Oberwinterthurer Kirchhügel im Jahr 294 nach Christus zu einem Kastell aus und gravierten das Baujahr in einer übergrossen Steintafel ein, von der sich heute eine Kopie bei den römischen Tempelresten befindet.

Während diese öffentlich zugänglich sind, liegen die Ruinen des Thermalbads ungefähr zwei Meter unter der Erde, unterhalb des Kirchenchors.

Sie sind auf Anfrage beim Sigristen während öffentlicher Führungen zu besichtigen.

Adresse Hohlandstrasse, 8404 Oberwinterthur, Tel. 052/2422881 | ÖV Bus 1, Haltestelle Hohlandstrasse | Tipp Wenn im Quartier gebaut wird, werden häufig römische Fundstücke freigelegt. Wer oberhalb der Kirche Richtung Wald durchs Quartier spaziert, stösst auf römische Zivilisationsspuren, wie einen römischen Trinkbrunnen im Innenhof einer Wohnsiedlung.

79 Der Rosengarten

Ein Bilderbuchpark

Knorrige alte Eichen und Buchen, ein zierliches altrosa bemaltes Teehaus mit dunkelgrünen Fensterläden aus dem Jahr 1911 sowie eine bronzene Pferdestatue prägen das Bild des Rosengartens am Heiligberg. Man glaubt sich in die Zeiten der Romantik zurückversetzt oder in ein Gemälde, das ein impressionistischer Maler mit seinem Pinsel geschaffen hat. Angesichts der Atmosphäre wirkt der Blick auf die Stadt von hier aus beinahe surreal. Der Kontrast zwischen der malerischen Parkanlage mitsamt dem Rosengarten auf der einen Seite und dem Sulzer-Tower, der Stadtkirche sowie dem Zentrum Neuwiesen auf der anderen ist riesig. Auch die Rosenkollektion des Parks imponiert, denn diese umfasst rund 300 unterschiedlichste Arten mit ungefähr 2.900 Rosenstöcken. Viele tragen ungewöhnliche Namen, einige sind nach historischen Persönlichkeiten wie dem napoleonischen General Klébér oder dem französischen General Charles de Gaulle benannt. Andere heissen Hansestadt Lübeck, Make-Up, Fisherman's Friend, Schwanensee oder Rose des Peintres.

Nicht weniger ungewöhnlich ist die Geschichte des Parks, denn das Land, auf dem sich der Rosengarten befindet, gehörte einst zur Villa der bekannten Winterthurer Handelsfamilie Reinhart. Die Stadt Winterthur kaufte das Grundstück 1961 und liess es 1964 zur 700-Jahr-Feier Winterthurs zu einem Rosengarten umgestalten.

Seither hat der Park nichts von seiner Beliebtheit eingebüsst, bei schönem Wetter bevölkern ihn zahlreiche Menschen. Manche nehmen ihre Mittagsmahlzeit auf einer Parkbank ein, andere joggen der Gartenanlage entlang oder gehen mit ihrem Hund spazieren. Wer die romaneske Idylle geniessen will, braucht vom Stadtzentrum nicht sehr weit zu gehen. Gleich hinter dem Kaufhaus Archhöfe beginnt die lang gezogene Treppe, die man in wenigen Minuten erklimmt und so zum parkangrenzenden Schulhaus Heiligberg gelangt.

Adresse Hochwachtstrasse, 8400 Winterthur | **ÖV** alle Stadtbusse, Haltestelle Bahnhof | **Tipp** Wer dem Weg folgt, der unterhalb des Schulhauses verläuft, erreicht nach wenigen Metern einen weiteren Park, von wo man eine besondere Sicht auf Winterthur hat: etwa auf mittelalterliche Hinterhöfe oder eine häufig übersehene Wiese, die sich unweit der viel befahrenen Technikumstrasse befindet.

80__Die Sagi Reismühle

Mit voller Wasserkraft

Langsam hebt und senkt sich das Sägeblatt und frisst sich Zentimeter für Zentimeter durch den sechs Meter langen Holzstamm. Mit jedem Auf und Ab der stählernen Zacken schiebt sich das Holz ein Stück weiter nach vorne. Nach rund zehn Minuten ist so das erste Holzbrett entstanden. Dann beginnt der Prozess wieder von vorne. Eine normale Sägerei? Nicht ganz, denn die Sagi Reismühle Hegi wird von einem Wasserrad angetrieben, dessen Durchmesser vier Meter beträgt.

Die Mühle am Eulach-Kanal hat eine lange Geschichte: Während Historiker über ihre Namensgebung, ihre ersten Besitzer oder ihr Baujahr rätseln, ist ihr späteres Schicksal ausführlich dokumentiert. Erstmals wird die Mühle im Jahr 1429 in einem amtlichen Schriftstück erwähnt, als «Uli Müller zu der Reismühle» ein Stück Ackerland pachtet. Die Mühle geht von da an durch viele Hände, wird mehrfach umgestaltet und für verschiedene Zwecke genutzt. 1827 etwa als Getreidemühle, Sägerei oder zur Hanffasergewinnung. 1855 kommt ein zweites Wasserrad hinzu sowie eine Bäckerei. Ab 1907 mutiert die Holzverarbeitung sogar zum Hauptgeschäft. Mit der fortschreitenden Industrialisierung kommt jedoch der Niedergang: So wird 1921 die Hanffasergewinnung eingestellt und 1947 schliesslich die Bäckerei. Die wassergetriebene Säge hingegen wird 1948 durch eine elektrische ersetzt. Nachdem der letzte Besitzer 1984 verstirbt, schliesst auch die Sägerei.

Erst 2001 kehrt neues Leben in der Reismühle ein, als die Stadt Winterthur den Eulach-Kanal saniert. 2002 ersetzt der Sagi-Reismühle-Hegi-Verein das Mühlerad und renoviert die mechanische Anlage mit den komplexen Getrieben. Seit 2004 ist die Sägerei wieder in Betrieb – zumindest an den Schautagen, die der Verein organisiert. Das stillstehende Sägewerk ist öffentlich zugänglich, der Antriebsmechanismus im Keller ist jedoch nur an den Besichtigungstagen zu sehen.

Adresse Reismühleweg, 8409 Winterthur-Hegi, www.reismuehle-hegi.ch | ÖV S 12, Haltestelle Bahnhof Oberwinterthur (10 Minuten Fussweg), Bus 14, Haltestelle Stäffelistrasse, Bus 680, Haltestelle Schlossacker | Öffnungszeiten Daten für das Schausägen auf der Homepage | Tipp Von hier sind es nur wenige Gehminuten zum Schlossmuseum Hegi oder zum Eulachpark.

81__Der Sässel

Schöne Aussichten

Man muss keine Berge erklimmen, um zur Ruhe zu kommen und eine Sicht ins Grüne zu geniessen. Zumindest nicht in Winterthur, wo mitunter zehn Minuten Fussmarsch genügen, damit Ruhesuchende den Blick in die Ferne schweifen lassen und sich der Vorstellung hingeben können, sich fernab der Zivilisation zu befinden. Beispielsweise bei einem Spaziergang vom ländlichen Eidberg mit seinen weitläufigen Feldern, Bauernhäusern und frei laufenden Hühnern zum idyllisch gelegenen Aussichtspunkt «Sässel», der über einen Feld-, Wald- und Wiesenweg zu erreichen ist.

Der auf «nur» 592 Metern über Meer gelegene Aussichtspunkt bietet eine Weitsicht über das Tösstal mit seinen Hügeln, Tälern und weitläufigen Wäldern, und der Besucher erhascht bei schönem Wetter sogar einen Blick auf die Glarner Alpen. Auf der anderen Seite liegt das Stadtzentrum Winterthurs mit dem in den Himmel ragenden Roten Turm, der von hier aus noch deutlich zu erkennen ist. Abgesehen von den Flugzeugen, die hin und wieder den Himmel brummend durchpflügen, sind auf dem «Sässel» keine Zivilisationsgeräusche zu vernehmen. Nur das Summen der Bienen und das leise Blätterrauschen der Bäume durchbrechen die Stille. Ein Gefühl der Entspannung stellt sich in einer solchen Umgebung ganz von alleine ein.

Vier rote Parkbänke, die im Kreis um die schattenspendenden Tannen angeordnet sind, ein Grillplatz sowie der im Jahr 2014 eingeweihte Brunnen laden zu einer längeren Pause ein. Und wer kann schon widerstehen? Der Sässel ist nicht nur eine Naherholungszone für Ruhebedürftige. Er bildet ausserdem eine Etappe des Rundwanderwegs, der das gesamte Winterthurer Stadtgebiet auf einer Länge von fast 70 Kilometern umrundet. Wer den Rundwanderweg vom «Sässel» aus beschreiten mag, folgt den dafür speziell gekennzeichneten Wegweisern Richtung Sennhof. Oder man kehrt nach Eidberg zurück, von wo man ins Stadtzentrum gelangt.

Adresse Ibergstrasse, 8405 Winterthur-Seen | **ÖV** Bus 9, Haltestelle Klösterli Iberg | **Tipp** Die 150-jährige Linde am Rande des Platzes gehört zu einem der meistfotografierten Landschaftsobjekte Winterthurs.

82 Der Saurer-Lastwagen

Ein Oldtimer in der Vitrine

Wer davorsteht, fragt sich, wie der himmelblaue, rot-weiss beschriftete «Briner Eisen Winterthur»-Saurer-Lastwagen mit der schwarz abgewetzten Stossstange in die zehn Meter lange Glasvitrine am Hauptsitz der Firma Briner gelangt ist. Der imposante historische Lastwagen wurde 1949 in der ehemaligen Saurer-Autofabrik in Arbon am Bodensee nach den Wünschen der Briner-Firmenchefs zusammengebaut. Es war eines der ersten Transportfahrzeuge, welche das Bauhandelsunternehmen seit der Gründung im Jahr 1878 erstand.

Befördert wurde mit dem Kultfahrzeug alles, was benötigt wurde, um Stahlbauten wie eine Lagerhalle zu errichten. Beispielsweise Stahlträger, Bleche oder Kabel für die Haustechnik. Um die Ladeflächen besser zu nutzen, liess die Geschäftsleitung die Fahrerkabine des Saurers verkleinern. Somit konnte der Lastwagen mit bis zu 14 Meter langen Stahlträgern links und rechts der Fahrerkabine beladen werden und sieben bis acht Tonnen Material transportieren.

Was lange ausreicht, genügt eines Tages jedoch nicht mehr, denn neuere Fahrzeuge können mit bis zu 24 Tonnen beladen werden. Trotzdem war der Saurer-Transporter rekordverdächtige 25 Jahre im Einsatz, bevor er Mitte der 1970er ausgemustert und in einer Scheune eingelagert wurde: Dort stand das Fahrzeug zehn Jahre und verfiel zunehmends. Nach der Jahrtausendwende verkaufte Briner es für einen symbolischen Betrag von 100 Franken an den Saurer-Club, der den Transporter in den Hallen einer auf Lastwagen-Wartung spezialisierten Firma in Wil renovierte. Weitere zehn Jahre vergingen, bevor der ehemalige Briner-Chef Christian Weber das Fahrzeug bei einem dortigen Firmenbesuch entdeckte und zum selben Betrag zurückkaufte.

Seit 2011 ist der alte Saurer wieder im Besitz der Briner AG und hat im Jahr 2016 in der Vitrine einen würdigen Platz gefunden.

Adresse Briner AG, Industriestrasse 7, 8404 Oberwinterthur | **ÖV** Bus 5, 14, Haltestelle Rudolf-Diesel-Strasse | **Tipp** Wer ein Saurer-Oldtimer-Fan ist, muss die Winterthurer Stadtgrenzen verlassen und das Saurer Museum in Arbon am Bodensee besuchen, wo in der ehemaligen Produktionshalle renovierte Fahrzeuge ausgestellt sind. www.saurermuseum.ch

83 Die Schlosstalbrücke

Mit elegantem Schwung

«Sie sieht aus, als ob sie von selbst gewachsen ist und eine Verbindung über den Fluss gesucht hat», sagte der Winterthurer Architekt und Künstler Max Bill über jene Brücke, die der renommierte Architekt Robert Maillart entworfen und 1934 beim Schlosshof in Wülflingen hatte errichten lassen. Mit ihrem 14 Zentimeter starken Stahlbetonbogen, einer Breite von zweieinhalb bis drei Metern und einer Spannweite von 38 Metern ist die elegante Brücke über die Töss im Schlosstal ein kleines Abbild von Maillarts Meisterwerk, der Salginatobelbrücke bei Schiers. Diese besitzt eine beeindruckende Spannweite von 90 Metern und wurde von der Amerikanischen Ingenieurvereinigung zum «World Monument» erklärt.

Dass die Maillart-Brücke in Winterthur überhaupt gebaut wurde, ist der hartnäckigen Überzeugungsarbeit von Maillarts Partner zu verdanken. So bewilligte der Winterthurer Stadtrat den Kredit für den Bau erst nach langem Zögern und machte dabei einige Auflagen: So musste sich das Personal, das die Brücke errichtete, zu zwei Dritteln aus Arbeitslosen zusammensetzen, die das Arbeitsamt zuwies. Ausserdem verpflichtete der Stadtrat die Baufirma, ortsübliche Löhne zu zahlen. Forderungen, die heute noch vernünftig erscheinen, wenn man bedenkt, dass sich die Schweiz 1933 in einer ernsthaften Wirtschaftskrise befand, in deren Folge mehrere Banken zusammengebrochen waren und die Arbeitslosenzahlen zeitweilig auf zehn Prozent anstiegen.

Mit dem Bau der Schlosstalbrücke hat der Winterthurer Stadtrat nicht nur für eine zweimonatige Beschäftigung der arbeitslosen Winterthurer gesorgt, sondern der Stadt gleichzeitig ein weiteres Denkmal verschafft.

Zwar hat Maillart viele Brücken in der Schweiz gebaut, jene an der Schlosstalstrasse wurde im Jahr 2002 allerdings nicht wie zahlreiche andere nach der Renovation stark verändert oder gar abgebrochen.

Adresse Schlosstalstrasse, 8408 Winterthur-Wülflingen | **ÖV** Bus 7, Haltestelle Fachschule oder Letten | **Tipp** Wer die Töss stadteinwärts entlangläuft, gelangt nach knapp 15 Minuten zur Metzgerstrasse-Brücke, die nach dem Hochwasser von 1876 im Jahr 1881 erbaut wurde. Diese ist die einzige Stahlfachträger-Konstruktionsbrücke auf Winterthurer Stadtgebiet.

84 Die Schrebergarten-paradiese

Jedem seine Pünt

In kaum einer anderen Stadt gibt es so viele begeisterte Hobby-Gärtner wie in Winterthur. So zählte die Stadt 2015 auf einer Fläche von 48.444 Ar rund 3.000 sogenannte «Pünten». Damit sind Gärten gemeint, in denen von Frühjahr bis Spätherbst Gemüse und Obst für den Selbstbedarf angepflanzt werden, im Gegensatz zu den Schrebergärten, die nur der Erholung dienen. Ein wesentlicher Unterschied, auf den die Winterthurer viel Wert legen. Angebaut wird alles, was die Erde hergibt, wie beispielsweise Bohnen, Salate, Kartoffeln, Kohl, Lauch, Weinreben, Apfel- und Zwetschgenbäume. Dabei vereinen sich Menschen zahlreicher Nationen auf engstem Raum. Hier wird Völkerverständigung tatsächlich gelebt.

Die Selbstversorgung mit Gemüse und Obst hat in Winterthur eine lange Tradition: Bereits 1494 verpachtete die Stadt bedürftigen Bürgern solche Landflächen zur Bepflanzung. Ursprünglich wurden die Gärten vornehmlich um den historischen Stadtkern herum angelegt. So existierten beispielsweise mehrere beim Technikum oder dort, wo heute das Stadthaus steht. Diese Pünten mussten jedoch der expandierenden Stadt weichen. Auch heute sind sie vom steigenden Bodenbedarf für den Wohnungsbau bedroht: Seit 1975 hat sich die Zahl der Pünten um mehr als 1.000 verringert, und das bei einer steigenden Bevölkerungszahl und einem ungebremsten Garten-Enthusiasmus.

Im Grossen und Ganzen zeigte sich die Stadtverwaltung bisher aber weitsichtig und sorgte für Ersatzflächen. Dabei kam es teilweise zu spektakulären Umzugsaktionen: Anfang der 80er Jahre wurden etliche Püntenhäuschen in Oberwinterthur per Helikopter an ihren neuen Standort geflogen. Die Pflanzflächen in Winterthur sind entsprechend heiss begehrt: Fast ausnahmslos alle sind verpachtet, wie jene im Talgut, einem Areal, das sich zwischen dem Mattenbachweg und der Waldeggstrasse in Seen befindet.

Adresse Ecke Steinackerweg/Waldeggstrasse, 8405 Winterthur-Seen | **ÖV** Bus 2, Haltestelle Hinterdorf-Seen | **Tipp** Der Gehweg entlang des Mattenbachs ist bei den Winterthurern besonders sonntags sehr beliebt. Auf der anderen Seite des Bachs gibt es einen Fahrradweg, auf dem man auch inlineskaten kann.

85 Der Schrottgarten

Aus Alt mach Neu

«Zutritt nur für Berechtigte», warnt ein Schild bei der vergitterten Treppe, die an der Werkstrasse 7 zum «Garten des Schrotthändlers» führt, der sich auf dem mittleren Parkdeck des Maag-Recyclinghofs befindet. Wer sich von diesem Hinweis nicht abschrecken lässt, stösst auf einen bemerkenswert originellen Park, der vor mehr als zehn Jahren als Ausgleich zu den neu gebauten Parkplätzen im Maag-Areal entstand. 2004 wurde dieser von der Architekturfachzeitschrift «Hochparterre» sogar mit einem Preis ausgezeichnet.

Der Kontrast zwischen den knallig pinkfarbenen Trögen, in denen einheimisches Gewächs wuchert, und dem kaugummigrünen Untergrund, auf welchem diese platziert sind, könnte nicht grösser sein. In einem ebenso schrillen Pink sind auch die Sitzgelegenheiten gehalten, die mit verschiedenen Recyclingmaterialien wie Milchtüten, Weinflaschen, Bier- und Colabüchsen oder Blechstücken in verschiedenen Längen und Formen gefüllt sind. Die gewagte Farbkombination von kitschig grünem Boden und darauf befindlichen pinkfarbenen Trögen und Sitzen stelle «eine Verschmelzung von künstlicher Natürlichkeit und der ästhetischen Überhöhung der Recyclingprodukte» dar, ist der Architekturbeschreibung zu entnehmen. Ob die Menschen wegen der «Zurschaustellung» von Recyclingmaterialien tatsächlich mehr wiederverwerten, sei dahingestellt: Die Idee, aus Altem Neues zu gestalten, ist jedoch geglückt.

Der Aufenthalt im Park sei trotz Schildern völlig legal, lässt das Recyclingunternehmen verlauten. Dennoch halten sich dort ausser den Maag-Mitarbeitenden kaum andere Parkbesucher auf. Ob es die Warnhinweise sind, welche die Winterthurer davon abhalten, sich in den «Garten des Schrotthändlers» zu begeben? Eigentlich schade, denn es lohnt sich, dort eine Verschnaufpause einzulegen. Beispielsweise nach einer Entsorgungstour im darunter gelegenen Recycling-Park.

Adresse Maag Recycling, Werkstrasse 12, 8400 Winterthur, Tel. 052/2350292 | ÖV Bus 3, 5, 14, Haltestelle Grüzenstrasse | Öffnungszeiten Mo–Mi 7.15–12 und 13.15–17 Uhr, Do 7.15–12 und 13.15–19 Uhr, Fr 7.15–12 und 13.15–16 Uhr, Sa 8–12 Uhr | Tipp Wer etwas zu entsorgen hat, sollte besonders am Samstag früh herkommen. Am späteren Morgen herrscht hier Hochbetrieb und ein Verkehrschaos, welches die Zufahrtsstrassen versperrt. Von hier sind es nur wenige Gehminuten bis zum Bahnhof Grüze (Ort 7) sowie zur Kaffeerösterei (Ort 45).

86 Der Schützenweiher

Zurück in die 70er Jahre

Der riesige knutschrote Elefant mit den leuchtend gelben Stosszähnen balanciert einen überdimensionierten, blitzblank polierten Golfball auf seinem Rüssel und scheint die Minigolfbesucher schelmisch anzublinzeln. Nicht nur er, auch der Minigolfplatz, die Tanzhalle, der dazugehörige Schnellimbiss sowie das Restaurant haben ihren 70er-Jahre-Charme bewahrt: von der Minigolfbeleuchtung über die Picknickbänke beim Weiher bis hin zum Burger aus dem Schnellimbissrestaurant, der ohne Schnickschnack serviert wird. Eine etwas altbackene Freizeitanlage, die dennoch der Vergänglichkeit zu trotzen versteht, mag mancher Zeitgenosse denken, der sich über unsere schnelllebige Zeit grämt.

Vergnügungsstätten wie der Schützenweiher sind andernorts in der Schweiz längst eingeebnet und überbaut worden. Die Winterthurer halten diesem jedoch die Treue. Sie pilgern an Sonntagen mit Kind und Kegel zum Restaurant, wo sie Sitzgelegenheiten und Tische auf der lang gezogenen Terrasse in Beschlag nehmen, während zahlreiche Spaziergänger vorbeimarschieren und sich am seerosenbedeckten Teich sowie dem Anblick der Wasservögel erfreuen. Die Mitglieder des Bogenschützen- und Armbrustvereins sowie des Modellschiffclubs Winterthur treffen sich dagegen in den vereinseigenen Häusern. Ob Eltern mit Kindern, Spaziergänger, Camper oder Vereine: Im Sommer herrscht am Schützenweiher stets Hochbetrieb.

Aber auch im Winter finden sich Attraktionen, welche viele Winterthurer anlocken. Etwa der zugefrorene Eisweiher, auf dem die Schlittschuh-Tänzer ihre Kurven ins Eis kratzen, wobei das Schlittschuhlaufen hier eine lange Tradition hat. So hat der Eishockey-Club Veltheim bereits in den 1930er Jahren auf dem vereisten Schützenweiher seine Meisterschaftsspiele ausgetragen, bevor der Club seine sportliche Betätigung in den 1950ern auf ein professionelleres, städtisches Eisfeld verlegte.

Adresse Schaffhauserstrasse 201, 8400 Winterthur-Veltheim | **ÖV** Bus 3, Haltestelle Rosenberg | **Tipp** Am Sonntag kann man im Restaurant Schützenweiher vorzüglich brunchen. www.tanzhalle-schuetzenhaus.ch

87 Die Seidenweberei

Wo Stoffe für Königshäuser gewoben wurden

Das graue Häuschen scheint von den umliegenden fünfgeschossigen Wohnbauten beinahe erdrückt zu werden. Nebst dem noch existierenden Verwaltungsgebäude und dem Kosthaus ist das sogenannte Kesselhaus ein Überbleibsel vergangener Zeiten, als auf dem Gelände Kunstseidenartikel für Kleider, Krawatten und Kopfbedeckungen sowie hochwertige Seidenstoffe für eine namhafte Kundschaft wie das holländische, schwedische oder englische Königshaus produziert wurden. Die zwei Flammrohrkessel der Firma Sulzer, die man durchs Fenster des ehemaligen Kesselhauses erblickt, dienten dazu, die Webmaschinen anzutreiben und das Fabrikgebäude zu beheizen, wo die meist weiblichen Arbeiterinnen an 400 Webstühlen Seidenwaren herstellten.

Im Jahr 1872 gegründet, war die Seidenweberei Sidi von Anfang an ein wirtschaftlicher Erfolg. Rund 400 Aktionäre zeichneten ein Kapital von einer Million Franken, was einem heutigen Wert von ungefähr 200 Millionen Schweizer Franken entspricht. Bis zum Ersten Weltkrieg ging es stets bergauf. Die Geschäfte liefen so gut, dass zwei weitere Fabriken im Ausland eröffnet wurden. Am wirtschaftlichen Zenit angelangt, zählte die Sidi um das Jahr 1900 in Winterthur rund 850 Mitarbeitende. Damit hatte sich die Seidenstoff-Fabrik zum viertgrössten Arbeitgeber der Stadt entwickelt, nach Sulzer, Rieter und der SLM. Beinahe 100 Jahre lang wurden auf dem Areal Seidenstoffe produziert, bevor der wirtschaftliche Niedergang kam.

Hohe Investitionskosten beschleunigten das Ende: So hätten die Heizkessel im Kesselhaus erneuert werden müssen, und auch die Dächer, durch die das Regenwasser auf die kostbaren Stoffe tropfte, bedurften einer Sanierung. 1967 wurde das Winterthurer Unternehmen geschlossen. Trotz zahlreicher Überbauungsprojekte dauerte es mehr als 40 Jahre, bis 2008/2009 ein neues Wohnquartier mit rund 160 Mietwohnungen und Büroräumen entstand.

Adresse St. Gallerstrasse 42, 8400 Winterthur | ÖV Bus 3, 5, 14, Haltestelle Pflanzschulstrasse | Tipp Wer mehr über die Geschichte des Kesselhauses erfahren möchte, kann eine einstündige Führung beim Verein Inbahn buchen. www.inbahn.ch

88 Die Seifenfabrik

Schlagerexport Seifen und Parfum

Die Zeit ist auf dem alten Fabrikgelände an der Rosenstrasse im 19. Jahrhundert stehen geblieben: Es scheint, als hätten die Arbeiter die Lichter in der ehemaligen Seifenfabrik Aspasia erst kürzlich ausgeknipst und kehrten bald an die Arbeit zurück. Von der ruhmreichen Vergangenheit des Unternehmens zeugt nicht nur die Beleuchtung am alten Fabrikeingang, sondern ebenso die verblasste Aufschrift «Aspasia, Seifen und Parfümeriefabrik» auf der ergrauten Passerelle, welche das alte Seifenfabrik-Gebäude mit dem neuen verband.

1876 von Carl Buchmann-Hauser als «C. Buchmann & Cie» gegründet, wurde die Seifenfabrik 1914 in eine Aktiengesellschaft umgewandelt und in «Aspasia» umbenannt. Nebst Seifen produzierte das Unternehmen fortan auch Parfum, Rasierschaum, Sonnencreme, Lippenstifte, Nagellacke oder Babypuder. Aspasia gelang es, seine hochwertigen Produkte erfolgreich zu vermarkten. So wurden Aspasia-Seifen 1935 etwa damit beworben, dass sie «reine Milch» enthielten. Auf den Anzeigen war eine schwarze Katze zu sehen, die sich die Pfoten abschleckte. Über werberischen Geschmack lässt sich bekanntlich streiten, das Geschäft mit den Kosmetika florierte jedoch: So waren die Winterthurer Körperpflegeprodukte um 1925 in vielen europäischen Grossstädten wie Amsterdam, Stuttgart, Paris oder Brüssel zu finden.

Der Niedergang kam nach dem Zweiten Weltkrieg: 1968 wurde die Marke an ein anderes Unternehmen verkauft unter der Auflage, Aspasia-Produkte bis Ende der 70er Jahre am bestehenden Standort herzustellen. Dennoch wurde die Fabrik bereits im Jahr 1975 stillgelegt. Aspasia verwaltete nunmehr nur noch verschiedene Liegenschaften und begann ab 1977, die ehemaligen Fabrikgebäude zu vermieten. Heute trifft man hier auf unterschiedlichste Kleinfirmen wie Architekturbüros, Geigenbauer, Ernährungsberatungen, eine Gartenbauplanfirma oder eine Schreinerei.

Adresse Rosenstrasse 9–14, 8400 Winterthur | **ÖV** Bus 2, 2E, 3, 4, Haltestelle Technikum | **Tipp** Wer der Strasse folgt, trifft im Quartier auf weitere ältere Gebäude, die dem Abbruch entronnen sind, wie das Helvetia sowie verschiedene alte Scheunen.

89 Die Seilerei Kislig

Echte Seilschaften

Eine Reeperbahn gibt es nicht nur in Hamburg, sondern auch in Winterthur. Allerdings nicht im Rotlichtviertel, sondern in einem barackenähnlichen, rund vier Meter breiten und über 100 Meter langen Gebäude inmitten eines Wohnquartiers an der Breite. Dort werden auf einer sogenannten Reeperbahn Seile aller Art hergestellt: Schiffstaue, Trapezseile, Bau-Richtschnüre, Spielplatzseile, Katzenkratzbäume oder Gewichtsseile alter Pendeluhren. Ganz ausgenommen bleibt die Rotlichtszene nicht, denn zur Kundschaft gehören auch Sadomaso-Anhänger.

So unterschiedlich der Einsatzzweck ist, so verschieden sind die Materialien, die zur Herstellung der Seile verwendet werden. Diese reichen von Baumwolle, Flachs, Jute und Sisal über Kokosnussfasern und Leinen bis hin zu Kunstfasern wie Polyamid, Polyester oder Acryl. Angefertigt werden die Seile auf Maschinen, von denen einige aus der Gründungszeit der Seilerei im Jahr 1878 stammen und somit über 100 Jahre alt sind.

Die Zeit scheint an der Seilerei vorbeigegangen zu sein, denn seit 1890 befindet sich das Unternehmen am selben Standort. Auch von der Inneneinrichtung ist viel erhalten geblieben. Wer das denkmalgeschützte Gebäude betritt, unternimmt eine Zeitreise in die Vergangenheit. So erinnert ein verblichenes General-Guisan-Porträt an der Wand an den Zweiten Weltkrieg und jenes «unserer Heerführer» an den Ersten. In der Seilerei wurde meist Material aus zweiter Hand verbaut, wie die Türen vom Geburtshaus Jonas Furrers an der Steinberggasse, jene aus einer Zürcher Villa sowie aus dem Volg-Laden, der sich am Standort des Roten Turms befand. Von Umbauten ist das Gebäude weitgehend verschont geblieben: Dies sind noch dieselben Bodenplanken, über die Generationen von Seilmachern hinwegschritten, und dieselben Holzbretter, durch deren Ritzen der Wind bläst und die Kälte im Winter eindringt.

Adresse Breitestrasse 18, 8400 Winterthur, Tel. 052/2327139, www.seile.ch | ÖV Bus 4, Haltestelle Turmstrasse | Öffnungszeiten Führungen nach vorheriger Anmeldung | Tipp Wer die Seilerei besichtigen will, muss einen Termin vereinbaren. Der Seilerei-Laden hingegen ist zu Betriebszeiten öffentlich zugänglich (Mo – Fr 8 – 12 und 13.45 – 17.30 Uhr).

90 Der Selbstbedienungsladen

Das soziale Projekt Läbesruum

«Hofladen Läbesruum» ist oberhalb des weiss-orange gestreiften Rollladens zu lesen. Im freundlich gestalteten Geschäft an der Pflanzschulstrasse finden sich viele hausgemachte Erzeugnisse der gleichnamigen Sozialfirma, die Menschen beschäftigt, die auf dem Arbeitsmarkt keine reguläre Anstellung finden. Eine Auswahl zwischen den verschiedenen Produkten zu treffen fällt schwer, denn in den Regalen und in den hübsch dekorierten, geflochtenen Verkaufskörben findet sich vielerlei, was das Feinschmecker-Herz höherschlagen lässt: je nach Saison beispielsweise hausgemachtes Johannisbeergelee, Erdbeerkonfitüre mit Rhabarber, Kürbis-Chutney, getrocknete Erdbeeren und Apfel-Zimt-Chips, Sugo, eingemachte Gurken, selbst gepresster Süss-, Holunder- und Quittenmost oder Eier von «glücklichen Hühnern». Bezahlt wird per App, in bar und auf Vertrauensbasis. Wer etwas mitnimmt, schreibt dies in dem dafür vorgesehenen «Haushaltsbuch» auf und legt das korrekt abgezählte Geld in eine an der Wand befestigte Kasse. Wer mag, gibt sich grosszügig und rundet den Betrag auf.

In der Region Winterthur ist der «Läbesruum» seit 1990 verankert: Seither haben die dort beschäftigten «Taglöhner» rund 1,56 Millionen Stunden gearbeitet, 300 Tonnen Geschirr gewaschen, 11.000 Umzüge bewältigt, 2.000 Türen gestrichen und dabei 175 Kilometer Abdeckband verbraucht, was ungefähr der Strecke Winterthur–Fribourg entspricht.

Der Zugang zu den Arbeitsangeboten ist niederschwellig gestaltet: Er erfolgt über Beschäftigungsprogramme oder Hilfsarbeiten. Viele «Taglöhner» beginnen mit einfachen Tätigkeiten wie Rasenmähen oder Unkrautjäten und qualifizieren sich anschliessend für Facharbeiten in den verschiedenen Abteilungen. Etwa im Gartenbau und Unterhalt, in den Bereichen Bau- und Malerarbeiten, Reinigung und Hauswartungen, Umzüge und Entsorgungen oder im Sekretariat.

Adresse Läbesruum, Pflanzschulstrasse 17, 8400 Winterthur | **ÖV** Bus 3, 5, 14, Haltestelle Pflanzschulstrasse | **Öffnungszeiten** Mo – Sa 7.45 – 18 Uhr | **Tipp** Wer ob all der Köstlichkeiten im «Läbesruum-Laden» hungrig geworden ist, kann sich für 15 Franken im angrenzenden Restaurant Eulachstrand mit einem Mittagessen verwöhnen lassen, zu dem eine Suppe oder ein Salat vom Buffet sowie eine Hauptspeise und ein Dessert gehören.

91 Die Silvio-Mattioli-Plastik

Das Eisenbahnunglück

Man könnte meinen, man habe eine zusammengestauchte Zugkomposition der Schweizerischen Bundesbahnen vor sich. Das liegt nicht nur daran, dass das gewaltige Eisenwerk im selben Rot-Blau gehalten ist wie die Züge und Waggons der Schweizerischen Bundesbahnen SBB, sondern auch an dem Platz, den das monumentale Werk beansprucht: Ungefähr fünf Meter hoch und 16 Meter breit ist die Eisenplastik von Silvio Mattioli, die von den Winterthurern auch «Das Eisenbahnunglück» genannt wird. Pikanterweise steht das Kunstwerk seit dem Jahr 1970 im Park vor dem Personalrestaurant der ehemaligen Winterthurer Versicherung, der heutigen Axa. Ob das ein Zufall war? So viel Ironie möchte man dem 1929 in Winterthur-Töss geborenen und 2011 in Zürich verstorbenen Eisenplastiker Silvio Mattioli nicht unterschieben, obwohl viele seiner Eisenplastiken das Leiden der Menschen und den Tod darstellen.

Von Kunstkritikern wird die rot-blaue «Wand», die mit verschiedenen Eisenelementen verbunden ist, mittlerweile als Meilenstein in der Geschichte der Schweizer Grossplastik bezeichnet. Der Erfolg seiner riesigen Eisenwerke mag etwas erstaunen, denn der italienischstämmige Künstler begann sich erst im Alter von 30 Jahren mit dem Werkstoff Eisen auseinanderzusetzen.

Mattioli wurde früh in seiner Karriere gefördert, noch bevor er schwarz, gelb oder rot-blau bemalte monumentale Eisenplastiken schmiedete. Diese gehörten erst ab dem Jahr 1967 zu seinem Kunst-Repertoire. Einen Förderpreis erhielt er jedoch bereits 1956 von der Eidgenössischen Kunstkommission, welcher ihm ermöglichte, seine Kunstwerke in Zürich, Aarau sowie Schaffhausen zu zeigen. Nebst der grossen Eisenplastik auf dem Gelände der Axa sind im öffentlichen Raum in Winterthur noch weitere Werke des Künstlers zu sehen. Etwa der eiserne «Ballspieler» an der Fassade der Turnhalle Ausserdorf.

Adresse Römerstrasse, 8400 Winterthur (Axa) | **ÖV** Bus 1, 5, 14, 680, Haltestelle Obertor | **Tipp** Auch vor dem Firmengelände des Rieter-Konzerns befindet sich eine Skulptur Mattiolis. Es handelt sich dabei um eine acht Meter hohe Eisenplastik, zu finden beim Eingang an der Schlosstalstrasse 43 in Töss.

92 Der Skills Park

Europas grösstes Sportcenter

Mit Schwung dreht sich der Mountainbiker in der Luft und reisst das Lenkrad abrupt herum, bevor er wenige Sekunden später mitsamt seinem Gefährt auf dem dick gepolsterten weissen Luftkissen landet. Zuvor war er von einer acht Meter hohen Rampe heruntergerast und über eine Schanze gesprungen. Die sogenannte «BigAir»-Anlage, die von Mountainbikern, Skatern, Snowboardern und sogar Trottinettfahrern genutzt wird, ist eine der Hauptattraktionen der dreistöckigen, 6.000 Quadratmeter grossen Multisporthalle im ehemaligen Sulzer-Areal. Diese wurde nach einer vierjährigen Planungsphase im Dezember 2016 eröffnet und gilt als Europas grösste Sporthalle.

Nebst den waghalsigen Springern, die sich von der «BigAir»-Schanze in die Tiefe stürzen, spielen Fussballteams auf einem abgegrenzten Kunstrasenfeld, während Skateboarder auf einem Hindernisparcours ihre Künste erproben und Dutzende von Kindern gleichzeitig wie Flöhe auf den Trampolinen auf und ab hüpfen. Damit nicht genug. Wer sich kräftigen will, findet im Kellergeschoss einen grosszügig ausgestatteten Fitnessbereich mit Tartanbahn, Laufbändern, zahlreichen Trainingsgeräten sowie einer Cross-Fit-Zone, wo man sich nach Anweisung gemeinsam fit trimmt. Wer lieber zuschaut, statt sich am sportlichen Trubel zu beteiligen, hat vom Laufsteg im oberen Geschoss das gesamte Sportgeschehen im Blick oder besucht das mit hellem Holz ausgebaute Café, das abends zur Sportbar mutiert.

Nicht nur die Ausstattung verblüfft, auch die Architektur hat es in sich. So wurde die ehemalige Sulzer-Industriehalle sanft renoviert und beim Umbau viele Baubestandteile im Originalzustand belassen, die noch heute von der Industriegeschichte Winterthurs zeugen. Etwa der gelbe Lastenkran, das Bauführerbüro, in welchem Garderoben und Duschen untergebracht sind, oder die rot lackierten Metalltreppen, welche die Stockwerke miteinander verbinden.

Adresse Lagerplatz 17, 8400 Winterthur, Tel. 079/5403333, www.skillspark.ch, info@skillspark.ch | ÖV Bus 1, 7, Haltestelle Sulzer | Öffnungszeiten Mo–Sa 10–22 Uhr, So 10–21 Uhr, für Fussballspieler, Gruppen sowie Kleinkinder gelten besondere Zeiten | Tipp Wer nur mal «hereinschauen» will, löst ein Besucherticket für drei Franken, welches man sich im Café an ein Getränk oder eine Speise anrechnen lassen kann.

93 Die Sonnenbadeanstalt

Die ehemalige FKK-Wiese von Winterthur

«FKK Luft- und Sonnenbad» ist auf dem efeuüberwucherten Schild am Eingang des ehemaligen FKK-Bads zu lesen. Am Anschlagbrett, das auf den dunklen Holzlatten des lang gezogenen Gebäudes angebracht ist, erinnert ein vergilbtes Informationsblatt mit den Worten «Sonnenbad geschlossen» daran, dass hier seit Juni 2011 niemand mehr offiziell nackt badet. Die hohe Mauer und der Pfostenzaun, welche die 2.453 Quadratmeter grosse Parzelle umsäumen, verunmöglichen es Neugierigen noch heute, einen Blick ins Innere zu werfen. Für die Öffentlichkeit ist der Zutritt nur mit einem Spezialschlüssel möglich.

Wer das ehemalige Sonnenbad betritt, bemerkt zunächst die Holzliegen mit der abblätternden braunen Farbe, das Backsteingebäude mit den bleichen orange-gelben Garderobekästen, an denen Schlüssel mit verblassten roten Stoffbändern hängen, sowie die verlassenen Umkleideräume. Der Verfall hat durchaus Charme, denn wer sich auf die Suche macht, findet allerlei Trouvaillen. Etwa eine Zeitung aus dem Jahr 2000 oder eine unbenutzte Schiefertafel, die ein Gast in einem der Garderobekästen zurückgelassen hat.

Mit ein wenig Phantasie kann man sich in das Jahr 1910 zurückversetzen, als das zwischen Waldrand und Rütistrasse gelegene Sonnenbad von der Winterthurer Sektion des Vereins «Zur Hebung der Volksgesundheit» eröffnet wurde: Dieser vertrat eine Naturheillehre, welche die «naturgemässe Lebens- und Heilweise» fördern sollte. Das Sonnenbad erwies sich jedoch als andauerndes Verlustgeschäft. Auch die Eröffnung eines Restaurants führte nicht zum erhofften Besucheranstieg, weshalb der Verein 1936 im angrenzenden Gelände das zweite Winterthurer Freibad in Betrieb nahm. Damit kamen zwar mehr Gäste zum Wolfensberg, nicht jedoch ins Sonnenbad. Der inzwischen mehrfach umbenannte Verein verkaufte das Gelände 2011 an den Stadtrat, der das Grundstück für die Veltheimer mit Geldern eines Fonds erwarb.

Adresse Wolfensbergstrasse 64, 8400 Winterthur | **ÖV** Bus 3, Haltestelle Bettenplatz | **Öffnungszeiten** nicht öffentlich zugänglich, Führung auf Anfrage beim Bademeister des Schwimmbads Wolfensberg, Tel. 052/2125592 | **Tipp** Ein Aufenthalt im Wolfensberger Schwimmbad lohnt sich, denn mit seinem 1930er-Flair gilt es als eines der schönsten Freibäder der Stadt. Im Sommer finden zudem regelmässig verschiedene Anlässe wie Vollmondschwimmen oder Lesungen am Pool statt. www.schwimmbad-wolfensberg.ch

94__Die Sternwarte

Das himmlische Winterthur

Winterthur existiert nicht nur am Erdboden, sondern auch in astronomischer Höhe: So umkreist der gleichnamige, im Durchmesser fünf Kilometer grosse Asteroid auf einer Umlaufbahn zwischen Mars und Jupiter die Sonne mit einer Geschwindigkeit von 18 Kilometern pro Sekunde. Für eine Umrundung benötigt «Winterthur» rund viereinviertel Jahre und nähert sich der Erde auf bis zu 195 Millionen Kilometer. Er leuchtet so blass wie eine Kerze, die man aus 2.500 Kilometer Entfernung betrachtet, und ist mit dem blossen Auge nicht zu sehen.

Entdeckt wurde das himmlische Gegenstück Winterthurs in der renommierten Sternwarte Eschenberg, die im Jahr 1979 erbaut wurde und sich auf einer Waldlichtung südlich des Eschenberg-Restaurants befindet. Wenig weist auf die internationale Bedeutung der Forschungsstation hin, wenn man vor dem unscheinbaren Gebäude steht, das wie ein Wasserreservoir aussieht. Unter dem vier Tonnen schweren Dach, das sich auf acht Rollen bewegt und sich mit einer Seilwinde öffnen lässt, verbirgt sich mit einem 60-Zentimeter-Teleskop und einer hochempfindlichen Fotokamera viel Technologie, mit der sich erdnahe Kleinplaneten beobachten lassen. Um diese zu erkennen, legen Astronomen zu unterschiedlichen Zeiten entstandene Fotos übereinander und vergleichen die Abweichungen, denn Planeten bewegen sich um einen Stern und verändern entsprechend ihre Position.

Seit ihrem Bestehen hat die Winterthurer Forschungsstation unter der Stationsnummer 151 rund 22.000 Positionsvermessungen an das NASA-finanzierte Minor Planet Center in den USA übermittelt. Nebst «Winterthur» wurden hier zehn weitere erdnahe Kleinplaneten entdeckt. Etwa der zwischen Mars und Jupiter kreisende «Helvetia». Seine Entdeckung wurde von der schweizerischen Post 2009 sogar mit einer im Dunkeln leuchtenden Briefmarke gewürdigt. Auch der damalige Bundespräsident Moritz Leuenberger liess es sich nicht nehmen, zu gratulieren.

Adresse Sternwarte Eschenberg, Burgstallstrasse, Winterthur, Tel. 052/3372848 (Parkmöglichkeiten beim Restaurant Eschenberg, Eschenbergstrasse 1) | **ÖV** Bus 4, Haltestelle Waldheim, Bus 2, Haltestelle Schulhaus Seen (eine halbe Stunde Gehweg) | **Öffnungszeiten** Mi bei klarem Himmel, Sommer: ab 20.30 Uhr, Winter: ab 19.30 Uhr | **Tipp** Bei Himmelsereignissen wie einer Sternschnuppennacht führt die Sternwarte besondere Events durch, zu denen sich meist mehrere hundert Besucher einfinden. www.eschenberg.ch

95 Der Stinkberg

Vom Abfallberg zum Naturschutzgebiet

Es war ein Bild, wie wir es heute aus Drittweltländern kennen: rauchende, stinkende und stetig wachsende Abfallberge. Es muss jedenfalls enorm schlecht gerochen haben, als der städtische Abfallberg am Rietberg in den 60er Jahren eine Rekordhöhe von 30 Metern erreichte. Die Deponie am Rietberg in Oberwinterthur war Ende der 1950er Jahre die letzte, die den stetig anwachsenden städtischen Abfall noch zu schlucken vermochte, weshalb ab 1959 ganz Winterthur seinen Hauskehricht beim Rietberg entsorgte. Für die Bewohner rund um die Deponie war der anhaltende Gestank ein einziges Ärgernis, und so kam der Rietberg zu seinem Namen «Stinkberg».

Dass das Abfallwachstum nicht weitergehen konnte, war klar: So beschlossen die Winterthurer 1962 an den Wahlurnen mit grosser Mehrheit, eine Kehrichtverbrennungsanlage zu errichten, die 1965 schliesslich in Betrieb genommen wurde. Damit mag am Rietberg wohl das Abfallwachstum zum Stillstand gekommen sein, was blieb, waren die Altlasten aus über 100-jähriger Abfallentsorgung. Viele Jahre später, zwischen 2005 und 2007, hat die Stadt die alte Deponie für zwölf Millionen Schweizer Franken saniert, um eine Verunreinigung des Grundwassers zu verhindern. Dafür wurden Erdschichten abgetragen und rund 200.000 Kubikmeter neues Erdmaterial eingearbeitet.

Die Verwandlung ist geglückt: Heute ist von der Deponie nichts mehr zu riechen und zu sehen. Am Fusse des Rietbergs ist ein Naturschutzgebiet entstanden, das heimischen Pflanzen und Tieren einen Lebensraum bietet. Rund 4.000 Quadratmeter gross sind die Teichflächen, in denen sich Molche und Frösche tummeln und auf denen Stockenten, Teichhühner und Blesshühner herumschwimmen. An sonnigen Tagen lassen sich hier viele Plattbauch- und Blaupfeillibellen beobachten. Wer sich nicht scheut, den Stinkberg über eine steile Treppe zu erklimmen, geniesst zudem von oben einen Weitblick bis hin zur Mörsburg.

Adresse Rietbergstrasse, 8404 Oberwinterthur | **ÖV** Bus 5, Haltestelle Pfaffenwiesen | **Tipp** Oberhalb der steilen Holztreppe bei den Schrebergärten hat man einen Weitblick Richtung Hegi. Zudem finden sich rund um den Stinkberg viele Schautafeln, welche die Geschichte des Naturschutzgebiets erklären.

96 Die Storchenbrücke

Ein bisschen wie San Francisco

Um in der Schrägseilbrücke einen Storch zu erkennen, der mit einem Bein im Wasser steht, braucht es viel Phantasie. Auch die aufgedruckten und weiss bemalten Storchenfedern auf den Gehwegen ändern nichts daran, dass die Brücke mit einem schwarz-weiss geflügelten Vogel kaum etwas gemeinsam hat. Ob Storch oder nicht Storch, das Bauwerk imponiert mit seinen 38 Meter in die Höhe ragenden Stahlträgern sowie den weit gedehnten Kabeln, deren Spannweiten zwischen 61,2 und 63,3 Meter betragen. Zwei davon sind aus faserverstärktem Kunststoff gefertigt, die hier weltweit zum ersten Mal zu Versuchszwecken auf einer Brücke eingebaut wurden. Die auf den Kabeln angebrachten Sensoren übermittelten im Minutentakt die Belastungswerte an einen zentralen Rechner, der sie analysierte.

Gebaut wurde die Storchenbrücke, weil ihr schmalerer Vorgänger aus dem Jahr 1923 an seine Belastungsgrenze gestossen war. Obwohl mehrmals saniert, konnte diese Brücke den aufkommenden Schwerverkehr nicht mehr bewältigen. Nachdem 1994 in einer Volksabstimmung ein Kredit von 8,2 Millionen Schweizer Franken für einen Neubau bewilligt worden war, begannen im Mai 1995 die Arbeiten. Nach anderthalb Jahren wurde die Storchenbrücke am 26. Oktober 1996 feierlich eingeweiht. Seit 2009 wird sie zudem mit bunten LED-Lampen beleuchtet, weshalb die Storchenbrücke besonders nachts hübsch anzusehen ist, wenn sie in rot-weiss-blauem Licht erstrahlt. Bahnfahrer, die von Zürich kommen, erfreuen sich an diesem Lichtspiel am Stadteingang ebenso wie Fussgänger, welche die Brücke vom Heiligberg zum Tössfeld oder in umgekehrter Richtung überqueren.

Das Wahrzeichen der Stadt Winterthur wirkt aus weiter Entfernung ebenso spektakulär. Wen erstaunt es da, dass die Storchenbrücke seit ihrer Inbetriebnahme zu einem der beliebtesten Wahrzeichen und einem der begehrtesten Fotomotive Winterthurs geworden ist?

Adresse Storchenbrücke, 8400 Winterthur | **ÖV** Bus 4, 11, Haltestelle Storchenbrücke | **Tipp** Wer die Brücke überquert und in den Himmel hochblickt, bekommt eines der meistfotografierten Winterthurer Brückenmotive zu sehen. Ein kleines bisschen wie in San Francisco. Überquert man die Brücke Richtung Tössfeld und hält sich rechts, befindet man sich innert weniger Minuten im alternativen Kulturviertel auf dem Sulzer-Areal.

97__Der Sulzer-Tower

Das viertgrösste Gebäude der Schweiz

Das metallgraufarbige Hochhaus ist in Winterthur nirgends zu übersehen: «Gross, grösser, am grössten» muss das Motto der Basler Architekten Suter & Suter gelautet haben. Nach deren Plänen erreicht das Sulzer-Hochhaus im Jahr 1966 nach vierjähriger Bauzeit mit 26 Stockwerken eine Höhe von 92,4 Metern. Mit diesem Mass bricht der Sulzer-Tower alle damaligen Schweizer Hochhaus-Rekorde und bleibt beinahe 40 Jahre unangefochten das höchste Gebäude des Landes. Ab den 2000er Jahren laufen der Winterthurer Nummer eins der Basler Messeturm mit 105 Metern, der Roche-Turm mit 178 Metern und der Zürcher Prime Tower mit 126 Metern jedoch den Rang ab. An dieser Ranglistenordnung ändert sich auch nichts, als dem Sulzer-Tower 2005 zwei weitere Stockwerke angefügt werden und er damit auf 99,7 Meter anwächst.

Der Höhenrekord mag das eine sein, die Geschichte das andere. Denn auch in dieser Hinsicht hat das in den Himmel ragende Gebäude viel zu bieten. So war der Sulzer-Tower über 30 Jahre lang Hauptsitz des gleichnamigen Konzerns. Mit der Wirtschaftskrise in den 80er Jahren folgt Personalabbau auf Personalabbau, weshalb weniger Büros benötigt werden. Daneben ist das Gebäude sanierungsbedürftig geworden. Eine Renovation erweist sich für den Konzern allerdings als zu teuer, weshalb das in die Jahre gekommene Hochhaus im Jahr 1998 für einen zweistelligen Millionenbetrag die Hand wechselt. Neuer Besitzer wird die Wintower Immobilien AG, die dem Immobilienmogul Bruno Stefanini gehört.

Drei Jahre nach dem Verkauf verlassen mit den Konzernchefs die letzten Sulzer-Mitarbeitenden das Hochhaus. Das Gebäude steht, abgesehen von einer kurzzeitigen Hausbesetzung durch Linksradikale, beinahe zehn Jahre leer. Nachdem der Sulzer-Tower im Jahr 2009 saniert ist, mietet Sulzer 2012 ein Dutzend Stockwerke und kehrt 2013 in den ehemaligen Konzernhauptsitz zurück.

Adresse Wintower, Neuwiesenstrasse, 8401 Winterthur | **ÖV** Bus 1, 5, 7, Haltestelle Sulzer | **Tipp** In den Adventswochen wird der Sulzer-Tower speziell beleuchtet. So erscheint auf der Fassade des Hochhauses abwechslungsweise eine Kerze oder ein Tannenbaum. Eine Beleuchtung, die durch eine ausgetüftelte Computersteuerung ein- und ausgeschaltet wird.

98 Der Taggenberg

Wo Wind geerntet wird

Die zwei imposanten, 18 Meter hohen Windräder mit ihren 13 Meter langen Rotorblättern sind schon von Weitem zu sehen. Sie thronen auf dem Taggenberg, am Rande des Winterthurer Stadtteils Wülfingen, und erzeugen an ihrer exponierten Lage seit dem Jahr 2002 jährlich so viel Strom, wie etwa sechs Einfamilienhäuser im selben Zeitraum verbrauchen. Es ist nicht nur die gewaltige Windanlage, die beeindruckt, sondern ebenso der überwältigende Rundblick, den Spaziergänger von diesem Winkel aus haben. An dem abgeschieden gelegenen und bei Winterthurern wenig bekannten Ort liegt einem die Stadt nämlich zu Füssen.

Der Blick reicht nicht nur zu den Häusersiedlungen am Taggenberg oder der Sportanlage Sporrer, sondern auch zum imposanten Sulzer-Tower, den ausgedehnten Weinrebenflächen der landwirtschaftlichen Schule Strickhof, dem Chöpfi mit seinen seltsam geformten Felsformationen sowie dem Brühlberg mit seinem Aussichtsturm. Bei schönem Wetter und klarer Sicht krönt zudem ein entzückendes Alpenpanorama die Stadt. Wer hier verweilt, befindet sich inmitten der Natur: Bergwärts führt ein Wanderweg nach Neftenbach oder Riet, während vor dem Besucher ausgedehnte, von Büschen und Obstbäumen umsäumte Wiesen- und Ackerflächen liegen.

Den abgeschiedenen Flecken erreichen Fussgänger von der Busstation Schloss Wülflingen, von wo es etwa 30 Gehminuten sind. Der Weg zu den Windrädern führt ein Stück entlang des Weinwanderwegs, dem man bis zur Motorfahrzeugkontrolle folgt, ab wo man weitere 100 Meter die Riethofstrasse entlanggeht, die Autobahn unterquert, in die Oberradstrasse einbiegt und kurz danach in die Taggenbergstrasse geht, wo die Windanlage steht. Wer das Ziel erreicht und sich an der Fernsicht sattgesehen hat, kehrt zum Schloss zurück oder legt einen Zwischenhalt im beliebten Ausflugsrestaurant Sporrer ein, das sich nur wenige Gehminuten vom Aussichtspunkt befindet.

Adresse Taggenbergstrasse 86a, 8408 Winterthur | **ÖV** Bus 2, Haltestelle Schloss | **Tipp** Wer sich kulinarischen Genüssen hingeben will, sollte sich das Restaurant Sporrer, im Sporrer 1, nicht entgehen lassen. Dort verwöhnt das Küchenteam mit einer währschaften Küche. Es empfiehlt sich einen Tisch zu reservieren. www.sporrer.ch

99 Das Tambürlihaus

Ein Bauernhaus mit Geschichte

Hof mit Haus, Scheune, Stall, Schopf, Schweineställen und Kräutergarten: So wird das Tambürlihaus noch um das Jahr 1836 beschrieben. Bis zur ersten Hälfte des 20. Jahrhunderts betrieben seine Bewohner Ackerbau, Viehzucht und Rebbau. Dass Bauern für all diese Aktivitäten viel Platz brauchen, kann man sich leicht vorstellen: Noch heute erstreckt sich das inmitten des Veltheimer Dorfkerns gelegene alte Bauerngehöft an der Trottenstrasse über zwei Hausnummern (2 und 4).

Die Fichten für den Bau des Tambürlihauses wurden im Winter 1562/63 gefällt. Sie stammen alle aus demselben Waldstück, mutmassen Wissenschaftler. Genauso alt wie das Bauholz ist auch das Bauernhaus. Es wurde 1563 errichtet, wie eine Inschrift auf einem Querbalken am südlichen Teil des Gebäudes verrät. Damit gilt es als eines der ältesten erhaltenen mittelalterlichen Bauernhäuser in der Schweiz. Im Grundbuch wird das Tambürlihaus erstmals im Jahr 1704 erwähnt. Zudem ist darin zu lesen, dass 30 Ar Wiesenland sowie zusätzliches Acker- und Rebland zum Haus gehörten. Den Namen «Tambürlihaus» erhielt es vom Nachrichten-Tambour Johann Jakob Siegrist-Siegrist, der es 1863 kaufte. Es war über 250 Jahre im Besitz der Familie, bis die beiden Landwirtinnen Tambour-Marie und Tambour-Elsie es im Jahr 1952 veräusserten. Später gehörte es einem Gartenarchitekten und Inhaber eines Gartenbaugeschäfts, der es als Unterkunft für Saisoniers gebrauchte. Das Haus verfiel zunehmend und wurde 1994 an eine andere Privatperson verkauft. Es folgte eine Renovation, bei welcher der grösste Teil der Bausubstanz erhalten blieb, was von der Denkmalpflege speziell gewürdigt wurde.

Hätte das Tambürlihaus eine Stimme, könnte es wohl viel über seine 400-jährige Geschichte erzählen: über seine Bewohner, die über 20 Generationen hinweg darin gewohnt und gearbeitet haben, sowie über Kriege, Pestzüge und Hungersnöte.

Adresse Trottenstrasse 2–4, 8400 Winterthur | ÖV Bus 2, 2E, Haltestelle Blumenau | Öffnungszeiten Privatgrundstück, nur von aussen zu besichtigen | Tipp Wer dem Wanderweg bei der Kirche Richtung Stadt folgt, durchquert den alten Kern des ehemaligen Weinbauerndorfs Veltheim, wo zahlreiche historische Bauten an vergangene Zeiten erinnern.

100_Das Tauschhaus

Altes weg, Neues her

Wer kennt es nicht: Die Dinge sammeln sich im Lauf der Zeit allmählich an, und trotzdem mag man sich nicht von ihnen trennen. Oder man wirft einen Gegenstand fort, obwohl jemand anders diesen gut gebrauchen könnte. Das «Tauschhaus», ein kleiner Container auf dem Gelände der Zürcher Hochschule für Angewandte Wissenschaften, soll dem schlechten Gewissen Abhilfe schaffen: Denn hier können Winterthurer ohne Sorgen ihren alten, liebgewonnenen Gegenständen ein neues zu Hause geben.

«Give and Take» ist auf der Seite des silbernen Containers zu lesen. «Schenken statt fortwerfen», lautet das Motto. Und es funktioniert, denn es herrscht ein Kommen und Gehen von Schatzsuchenden und Schenkenden. Die Stadtbewohner bringen alles Mögliche: vom Stoffteddybären über eine Schallplatte bis hin zur nigelnagelneuen Teekanne oder ungetragenen Jeans. Ebenso wird manch Kurioses in den Regalen deponiert. Etwa eine Gratulationskarte der Grossmutter oder ein elektronischer Futternapf für Katzen.

Das Tauschhaus ist aber längst nicht nur ein sich ständig füllendes und leerendes Warendepot, sondern liefert allen möglichen Gesprächsstoff: Wer mag nicht darüber erzählen, dass er die coole Stofftasche im Tauschhaus gefunden hat, die er soeben stolz zur Schau trägt?

Der auf Initiative der Non-Profit-Organisation «Myblueplanet» erstellte Container ist das zweite Tauschhaus seiner Art, denn das Holzhäuschen am Merkurplatz wurde im August 2018 von einem Jugendlichen abgefackelt.

Dass das dahinterliegende Restaurant kein Raub der Flammen wurde, ist ein wahres Wunder. Bis das neue, weniger brandgefährdete Containerhaus an der Ecke Rosenstrasse/Wildbachstrasse eröffnet wurde, vergingen knapp zwei Jahre. Doch längst nicht alle Tauschenden haben sich an den neuen Standort gewöhnt: Es kommen deutlich weniger vorbei als am Merkurplatz.

Adresse Wildbachstrasse / Rosenstrasse, 8400 Winterthur | **ÖV** Bus 2, 3, Haltestelle Technikum | **Öffnungszeiten** Mo – Sa 9 – 18 Uhr | **Tipp** Wer lieber Bücher tauscht, findet am oberen Graben in einer umgebauten ehemaligen öffentlichen Toilette eine frei zugängliche «Bibliothek».

101 Die Teuchel

Historische Wasserleitungen

Wer in Winterthur unterwegs ist, stolpert über Ortsbezeichnungen wie zum Beispiel «Teuchelweiherplatz». Doch was sind Teuchel?

Der Begriff bezeichnet historische Leitungen aus Holz, die jahrhundertelang Wasser aus den umliegenden Quellen in die öffentlichen Brunnen und Badehäuser nach Winterthur führten.

Wo Autofahrer ihr Gefährt heute unterirdisch parken, wurden ab den frühen 1830er Jahren unbearbeitete Baumstämme sowie fertiggestellte Holzwasserleitungen in speziell dafür angelegten Weihern aufbewahrt, um zu verhindern, dass das Holz vorzeitig rissig und spröde wurde. Um einen Teuchel herzustellen, mussten Teuchelexperten die Baumstämme von beiden Seiten anbohren und dabei den Bohrer waagrecht führen, damit sich beide Bohrungen in der Mitte trafen. Das galt als ausgesprochene Handwerkskunst, weshalb die mit der Herstellung von Wasserleitungen betrauten Teuchelbohrer für diese Tätigkeit mehrere Jahre lang ausgebildet wurden. Teuchel herzustellen war auch deshalb kompliziert und langwierig, weil ein historischer Bohrer nur wenige Umdrehungen machen konnte und man die Sägespäne beseitigen musste, bevor der Bohrer neu angesetzt wurde. Waren die Teuchel endlich fertig, verbanden die Teuchelbohrer sie mit Metallringen, die zuvor an den Stammenden angebracht worden waren.

Weil der Teuchelweiher Wasser verloren hatte, besserte ihn die Stadt Ende der 1830er Jahre ein letztes Mal aus. Mitte des 19. Jahrhunderts waren die Tage der Holzwasserleitungen aufgrund neuer Technologien jedoch endgültig gezählt. Die Teuchelproduktion wurde eingestellt, der Teuchelweiher aufgeschüttet und der Platz umgenutzt. Anlässlich der 750-Jahr-Feier der Stadt Winterthur hat die Naturwissenschaftliche Gesellschaft Winterthur 2014 einen Teuchel nachbauen lassen und diesen im Lindengutpark in der Nähe der ehemaligen Vogelhäuser ausgestellt.

Adresse Römerstrasse, 8400 Winterthur | **ÖV** Bus 1, 5, 14, 680, Haltestelle Obertor | **Tipp** Wer mehr über die historische Wasserversorgung Winterthurs erfahren möchte, sollte sich die Eulach-Führung von Winterthur Tourismus nicht entgehen lassen. www.winterthur-tourismus.ch

102 Das Totentäli

Ein menschgemachtes Naturparadies

Geburtshelferkröte, Salamander, Bergmolch und Gelbbauchunke – sie alle haben im Totentäli eine zweite Heimat gefunden. Wer das lang gestreckte Naturschutzgebiet unweit des Bahnhofs Wülflingen durchwandert, wähnt sich weit abseits der Stadt, inmitten einer «heilen» Bergwelt. Kein Stadtgeräusch stört den Frieden. Der Waldweg, der das Totentäli durchquert, führt an etlichen Weihern vorbei. Dort wiegen sich weiss behelmte Schilfhalme im Wind, während sich Frösche durch ihr lautstarkes Quaken verraten und blau schillernde Libellen durch die Luft surren.

Ob es die Stille war, die dem Tal den Namen gab? Die Wissenschaftler sind sich uneinig. So oder so – dieser Ort ist ein Paradies.

Allerdings ein menschgemachtes, denn im Jahr 1971 fuhren die Stadtbagger im Tal ein und gruben tiefe Weihermulden. Die Spuren, welche die schweren Baumaschinen hinterlassen haben, sind indessen längst verschwunden. Dafür ist die Biodiversität gestiegen. So leben hier Tiere, die anderswo durch die Trockenlegung von Feuchtgebieten und die Zersiedelung der Landschaft verdrängt wurden: beispielsweise der vom Aussterben bedrohte «Glögglifrosch», die kleinste Krötenart der Schweiz, deren Ruf einem Glockenton ähnelt. Während sich das Weibchen nach der Eiablage über alle Berge davonmacht, kümmert sich das Männchen um den Nachwuchs und schlingt den Laich um die Hinterbeine. Bis die Jungen schlüpfen, versteckt es sich zwischen den Steinen und Ästen beim Weiher. Erst dann wagt es sich wieder ans Wasser. Um den «Glögglifrosch» oder eine der anderen hier beheimateten Tierarten zu entdecken, braucht es viel Ausdauer und Aufmerksamkeit.

Nebst den idyllischen Weihern und ihren seltenen Bewohnern hat das Totentäli eine weitere Attraktion zu bieten: die Burgruine Hoh-Wülflingen. Leider gilt sie als einsturzgefährdet und kann deshalb derzeit nicht besichtigt werden.

Adresse Aufstieg zum Totentäli bei der Bahnstrasse, 8408 Winterthur | ÖV S 41, Bus 7, Haltestelle Bahnhof Wülflingen | Tipp Linker Hand des Totentäli führt der Schmetterlingsweg über eine steile Holztreppe auf eine Anhöhe, von wo man eine schöne Aussicht auf Wülflingen hat.

103 Die Trafostation

Vom Stromumwandler zur Vogelstation

Der weissgelb bemalte, efeubewachsene Trafoturm im abgelegenen Winterthurer Aussenquartier Neuburg ragt auf dem über Wülflingen gelegenen Hügel hoch in den Himmel. Die Kabel unter dem Turmgiebel, die dazu dienten, den Strom zum Transformator zu leiten, wo dieser in Niederspannung umgewandelt und ins Stromnetz eingespeist wurde, sind jedoch längst verschwunden. Stattdessen befinden sich dort eierschalenförmige Nisthilfen für Mehlschwalben, Unterschlüpfe für Fledermäuse sowie ein Bienenhotel aus Backsteinen und Holzscheiben. In den Steinhaufen am Fusse des Turms, die sich an das in die Jahre gekommene Gemäuer lehnen, können sich Eidechsen verstecken.

Wie die meisten historischen Trafostationen auf Winterthurer Stadtgebiet wurde jene in Neuburg im frühen 20. Jahrhundert erbaut, als Winterthur breitflächig elektrifiziert wurde. Der Trafo war im Erdgeschoss des Turms untergebracht, während sich die Schalt- und Verteilanlagen im Obergeschoss befanden. Mit einer einzigen Trafostation konnte der Strombedarf von rund 60 bis 100 Haushalten gedeckt werden. Damit sich die Zeitgenossen an den weit sichtbaren Stromumwandlern nicht störten, achtete man bei Verputz, Farbe, Dachform und Verzierungen peinlichst genau darauf, dass sich diese ins Landschaftsbild einfügten. Das ist in Neuburg durchaus gelungen, denn die Trafostation entdeckt man erst, wenn man den Hügel erklommen hat. Der Spazierweg vom Bahnhof Wülflingen zum historischen Artefakt lohnt sich auch wegen der Weitsicht, die man von dort in alle Himmelsrichtungen hat.

Während der Neuburger Trafoturm längst ausser Betrieb ist, gibt es auf Winterthurer Stadtgebiet Stromzeitzeugen derselben Epoche, die bis heute der Stromumwandlung dienen. Etwa der Trafoturm beim Schulhaus auf dem Eidberg, wo ein Brummton und ein auffälliges Warnschild an der Türe auf dessen Aktivität hinweisen.

Adresse Neuburgstrasse, 8408 Winterthur | **ÖV** S 41, Bus 7, Haltestelle Bahnhof Wülflingen | **Tipp** Weitere Trafostationen mit Backsteinverzierungen befinden sich an der J.-C.-Heer-Strasse in Winterthur-Töss, an der Mettlenstrasse 19 in Winterthur-Hegi und an der Eidbergstrasse 75 beim Schulhaus.

104_Die Uhrensammlung

Eine Winterthurer Uhrmacherdynastie

Vom «Käfigturm»-Turmbogen, der sich am unteren Ende der Marktgasse befand und 1871 abgerissen wurde, ist nur wenig übrig geblieben. Einzig das Uhrwerk mit dem Zifferblatt hat alle Zeiten überstanden. Es wurde 1529 von Laurentius Liechti hergestellt, der einer Winterthurer Uhrmacher-Familie entstammte und im Verlauf seines Lebens mehr als 19 Turmuhren angefertigt hat. Darunter jene astronomische Uhr, die 1514 in der Liebfrauenkirche in München ihren Platz fand. 350 Jahre lang, über zwölf Generationen hinweg, übten die Liechtis bis 1857 den Uhrmacher-Beruf aus und haben dabei die heimische Uhrenindustrie geprägt und viele geschichtsträchtige Spuren in Winterthur hinterlassen: So ist es hauptsächlich dieser Familie zu verdanken, dass Winterthur bis ins 17. Jahrhundert mehr Turmuhren als Zürich besass.

Wer sich auf die Suche nach den historischen Liechti-Uhren begibt, sollte die Uhrensammlung Kellenberger im Gewerbemuseum beim Kirchplatz besuchen. Dort sind etliche Exemplare ausgestellt, welche die Familienmitglieder dieser Uhrmacher-Dynastie hergestellt haben. Etwa eine eiserne Konsolenuhr aus dem Jahr 1572, die ein unbekannter Kunde als Geschenk für den Zisterzienserorden Frauental bei Cham in Auftrag gab. Nebst dem bemalten Zifferblatt fällt besonders deren eiserne, gotische Glockenverzierung mit geschwungenem Blütenkelch auf, wobei sich erahnen lässt, dass sich nur Gutbetuchte solche handgemachten Meisterwerke leisten konnten. Wer eine Liechti-Uhr erwerben wollte, musste viel Geld in die Hand nehmen, kostete diese doch ungefähr so viel wie ein kleines Zweifamilien-Altstadthaus. Dafür erhielten Liechti-Kunden eine nach individuellen Wünschen angefertigte Uhr.

Nebst den Hausuhren der Liechti-Familie sind in der Sammlung weitere Stücke aus dem 16., 17. und 18. Jahrhundert zu sehen. Beispielsweise Holzräder-, Taschen-, Pendel- oder Laternenuhren.

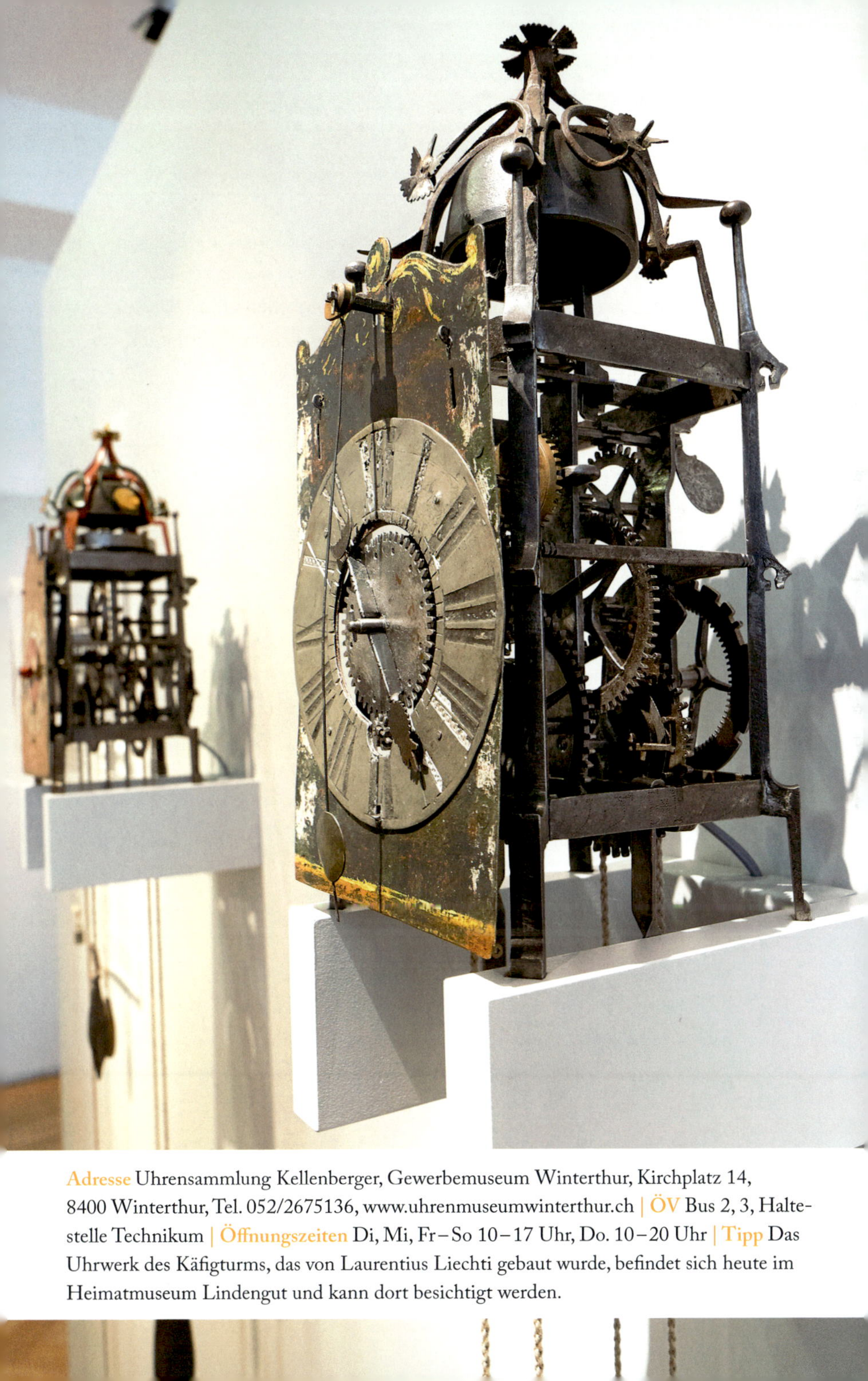

Adresse Uhrensammlung Kellenberger, Gewerbemuseum Winterthur, Kirchplatz 14, 8400 Winterthur, Tel. 052/2675136, www.uhrenmuseumwinterthur.ch | ÖV Bus 2, 3, Haltestelle Technikum | Öffnungszeiten Di, Mi, Fr–So 10–17 Uhr, Do. 10–20 Uhr | Tipp Das Uhrwerk des Käfigturms, das von Laurentius Liechti gebaut wurde, befindet sich heute im Heimatmuseum Lindengut und kann dort besichtigt werden.

105_Die Unterführung

Eine neue Unterführung, zwei neue Plätze

Wer die neue Bahnhofsunterführung durchschreitet, die den Bahnhofplatz mit dem Sulzer-Areal, den Archhöfen sowie der Rudolfstrasse verbindet, bemerkt die Stützträger, die in wechselnde Farbtöne getaucht sind: Die Palette reicht von Dunkelviolett zu Blau, über Rosarot bis zu Blassgelb. Das Farbspiel wird durch 48 und 45 Meter lange LED-Wände auf der gegenüberliegenden Seite verursacht, die von je 156 Leuchten erhellt werden und farbige Wolken darstellen, welche die jeweiligen Jahreszeiten wiedergeben. Im Frühling leuchten sie grünlich, im Herbst orange und rot. Je nach Tageszeit scheinen sie heller oder dunkler. Die Software, welche für die farbenfrohe Beleuchtung sorgt, bezieht sogar die Sonnenscheindauer und die Mondphasen in die Berechnungen mit ein, weshalb sich die Beleuchtungssequenzen ständig ändern.

Passanten, welche die Bahnhofsunterführung mehrfach zu Fuss oder mit dem Fahrrad durchqueren, bekommen jedes Mal eine einzigartige Farbkomposition zu Gesicht, die sich in derselben Formation nicht wiederholt. Für die sogenannte Gleisquerung wurde viel Beton verbaut: etwa 5.000 Kubikmeter sowie 710 Tonnen Stahl. 27,1 Millionen Schweizer Franken kostete die Realisierung dieses Teilprojekts.

Nebst der Gleisunterführung sind zwei grossflächig geteerte Parks mit je einem Kalksteinbrunnen und mehreren Sitzgelegenheiten sowie stahlüberdachten Fussgängertreppen entstanden. Die Namensfindung für die «Zwillingsplätze» erfolgte über einen öffentlich ausgeschriebenen Wettbewerb: Aus 740 eingereichten Vorschlägen wurden die Bezeichnungen «Kesselhausplatz» und «Salzhausplatz» in Anlehnung an die dort befindlichen Gebäude ausgewählt. Das mag zwar sehr konservativ klingen. Ob Namen wie «Platz-Hirsch und Platz-Angst» oder «East-Side und West-Side», «Hüben und Drüben» oder «Nationalbahn und Nordostbahnplatz» bessere Bezeichnungen gewesen wären, darüber kann man diskutieren.

Adresse Zürcherstrasse, 8400 Winterthur | ÖV alle Stadtbusse, Haltestelle Bahnhof | Tipp Wer eine Kaffeepause einlegen und das emsige Kommen und Gehen der Passanten beobachten will, kann es sich in einem der Cafés gemütlich machen, die sich auf der Seite des Kesselplatzes befinden.

106 Die verirrte Kanonenkugel

Kollateralschaden

Liberté, Egalité, Fraternité. Was wie eine gute Idee klingt, hatte für viele Länder, Städte und Dörfer fürchterliche Auswirkungen. Auch Winterthur blieb von den Irrungen und Wirrungen der Französischen Revolution nicht verschont, denn die daraus resultierenden Kriege verwandelten Europa in ein riesiges Schlachtfeld. Und Winterthur war mittendrin. So wurde die Stadt zwischen 1798 und 1802 zweimal von französischen sowie einmal von russischen und österreichischen Truppen besetzt. Das brachte schwere Lasten für Winterthur mit sich, denn während der Besatzungszeit mussten bei 3.000 Stadtbewohnern rund 200.000 fremde Soldaten durchgefüttert werden. Die durchziehenden Heere scheuten sich nicht, den Einwohnern das letzte Hemd zu stehlen. Wo die raubenden und plündernden Armeen sich ihr Stelldichein gaben, kam es oft zu Aufständen der Bevölkerung. Nach dem Abzug der fremdländischen Truppen war die vorher wohlhabende Stadt Winterthur verarmt und beinahe ein Drittel der Einwohner auf öffentliche Unterstützung angewiesen.

Es blieb nicht bei materiellen Schäden: Bei den Gefechten zwischen Franzosen, Österreichern und Russen starben auch Zivilisten. Wie Dorothea Bölsterli, eine am Reismühleweg 60 in Oberwinterthur wohnhafte Hausfrau. Während sie in ihrer Küche ein Gericht zubereitete, soll sie von einer «verirrten» Kanonenkugel getötet worden sein, die ihr Haus durchschlagen hatte. Zuvor sollen Österreicher diese von den Anhöhen Hegis auf die sich zurückziehende französische Armee abgefeuert haben. Ob die Geschichte wahr ist, daran scheiden sich die Geister. Belegt ist jedenfalls, dass am Tag des Gefechts, am 17. Mai 1799, die genannte Hausfrau im Totenregister von Oberwinterthur aufgeführt ist. Die mutmassliche «Tatwaffe» ist heute im Dachstock des Museums beim Schloss Hegi ausgestellt und kann dort zu den Museumsöffnungszeiten besichtigt werden.

Adresse Schloss Hegi, Hegifeldstrasse, 8409 Winterthur, Tel. 052/2423840, www.schlosshegi.ch | **ÖV** Bus 14, 680, Haltestelle Schlossacker | **Öffnungszeiten** Museum: bitte Website konsultieren | **Tipp** Der ehemalige Esel- und Hühnerstall auf dem Schlossgelände wurde zu einer Schenke umgebaut, die jeweils von Mai bis Oktober geöffnet ist. Auf dem Schlossgelände finden zudem zahlreiche Veranstaltungen statt, die vom Mittelaltertag über einen Setzlingsmarkt bis zum Blueskonzert reichen.

107 Die Villa Sträuli

Genusskultur

Schon damals zu Lebzeiten der Hausherrin Doris Sträuli-Keller (1912–2003) war der legendäre Musiksalon in der gleichnamigen Neubarock-Villa ein Ort der Gastfreundschaft und eine Begegnungsstätte. Kamen damals lediglich auserwählte Gäste in den Genuss der musikalischen Salon-Veranstaltungen der Hausherrin, ist die Villa an der Museumstrasse seit dem Jahr 2006 einem breiteren Publikum zugänglich. Vor der Eröffnung wurde das denkmalgeschützte Haus innen erneuert, ohne die Fassade grundlegend zu verändern.

So verwandelte sich die Veranda in ein lichtdurchflutetes Bistro, der Öltankraum im Kellergeschoss in ein Musikzimmer und die oberen Stockwerke in Büros sowie drei verschiedene Künstlerateliers. Dabei ergibt die Kombination von Alt und Neu oft überraschende Verbindungen, wie bei der röhrenförmigen Beleuchtung, die über dem alten Treppengeländer schwebt und dieses in wechselnde Farben taucht. Trotz der baulichen Veränderungen ist der Geist von Doris Sträuli-Keller noch präsent, denn viele der erhaltenen Gegenstände wie der schwarze Steinkamin im Salon, das stoffbezogene elegante Sofa oder die Esszimmer-Holztäfelung zeugen vom damaligen Zeitgeschmack. Während man heute im Parterre Musik hört, Lesungen lauscht, Kunstwerke bewundert, mit Künstlern plaudert oder ein Mittagessen aus marktfrischen Zutaten geniesst, arbeiten die Kunstschaffenden in den drei Ateliers, wo sie auch wohnen, an ihren Werken. Die von ihnen geschaffenen Werke fristen kein trostloses Dasein, sondern werden im Haus und in der Stadt präsentiert.

Die Atmosphäre in der Villa Sträuli ist nur schwer beschreibbar: Man muss sie erlebt haben. Etwa an einer Samstags-Matinee, wenn an halbstündigen Konzerten unterschiedlichste Musikrichtungen wie Kammermusik, Modern Jazz, Pop oder Volksmusik dargeboten werden.

Adresse Museumstrasse 60, 8400 Winterthur, Tel. 052/2600610, Bistro 052/2600615, www.villastraeuli.ch, office@villastraeuli.ch | **ÖV** vom Bahnhof über die Museumstrasse 5 Gehminuten | **Öffnungszeiten** wechselnd, bitte der Website entnehmen | **Tipp** Während man im Winter in den Bistro-Räumlichkeiten und im ehemaligen Esszimmer der Villa speist, wird im Sommer im weitläufigen Garten über Mittag aufgetischt. Eine Reservation empfiehlt sich.

108_Der Vitaparcours Lindberg

Treffpunkt Futterkrippe

Wären nicht die vielen bunten und wild durcheinander angebrachten Zettel, Postkarten und Plakate, auf denen Yoga-Schulen, Schuhhändler und Reiseanbieter ihre Dienstleistungen anpreisen, könnte man den Unterstand beim Vitaparcours Lindberg beinahe mit einer Futterkrippe für Wildtiere verwechseln. Statt auf heufutternde Rehe trifft man inmitten des Lindbergs jedoch auf unterschiedlich fitte Läufer, die sich hier zum gemeinsamen Training treffen und ihre Muskeln mit verschiedenen Dehnübungen aufwärmen, bevor sie sich auf die 2,7 Kilometer lange Waldlaufstrecke begeben.

Ob trainiert oder nicht: Der Vitaparcours am Lindberg hat mit seinen 15 Trainingsstationen für jeden etwas zu bieten. So können Hobbysportler ihre Beweglichkeit, Geschicklichkeit, Kraft und Ausdauer anhand verschiedener Übungen trainieren. Dabei sind ungefähr 30 Höhenmeter zu überwinden. Erst über Stock und Stein, dann über schmaler und breiter werdende Waldpfade und schliesslich über einen Bachtobel hinweg. Dann folgt eine Steigung. Ausser Atem gelangt man schliesslich auf dem bergwärts führenden Waldweg zurück zum Ausgangspunkt. Wer es bis dorthin geschafft hat, läuft nochmals dieselbe Runde oder nutzt die weich abgefederte Finnenbahn, eine mit Sägespänen ausgepolsterte 397 Meter lange Laufstrecke.

Warm wird den Sportlern hier nicht erst beim Training, sondern bereits beim Aufstieg zum Vitaparcours. Denn der ist steil. Das scheinen viele zu unterschätzen, denn an warmen Frühjahrs-, Sommer- und Herbsttagen verwandelt sich der Unterstand in einen öffentlichen Kleiderschrank. Pullover, Jacken oder Gilets: Was sie sich zu viel angezogen haben, deponieren die vom Aufstieg überhitzten Läufer kreuz und quer auf dem Querbalken. Unermüdliche belassen es nicht bei der Vitaparcours-Strecke am Lindberg, sondern setzen ihren Lauf beim Parkplatz am Römerholz fort, wo Rundlaufstrecken starten.

Adresse Tössertobelstrasse, 8404 Winterthur | **ÖV** Bus 10, Haltestelle Hammerweg, die Treppen hinauf | **Tipp** Laufsportbegeisterte treffen sich ganzjährig am Sonntag um 10 Uhr beim Parkplatz am Römerholz, ungefähr 800 Meter vom Vitaparcours am Lindberg entfernt.

109_Die Weintrotte

Exklusive Weine aus Wülflingen

Als Weinland ist Winterthur zwar nicht gerade bekannt, dennoch findet man hier einige hochkarätige Tropfen: zum Beispiel in der Weintrotte der landwirtschaftlichen Schule Strickhof an der Weinbergstrasse, oberhalb des Schlosses Wülflingen. Im hübschen Riegelbau inmitten des Weingebiets werden auf der Wülflinger Anhöhe jene Trauben verarbeitet, die auf den umliegenden vier Hektar grossen Rebfeldern wachsen. Pro Jahr werden zwischen 25.000 und 30.000 Liter Wein gekeltert. Das sind zwischen 36.000 und 43.000 Sieben-Deziliter-Weinflaschen. Die Rebgebiete der landwirtschaftlichen Schule dienen aber nicht nur der Weinproduktion, sondern werden auch für Versuche genutzt, unter anderem um Pflanzenschutzmittel zu testen oder pilzresistente und wenig bekannte Traubensorten wie Solaris, Muscaris, Souvignier Gris, Floreal oder Caladris Blanc anzupflanzen. Nebst solchen Spezialsorten wachsen an den Hängen oberhalb Wülflingens hauptsächlich Blauburgunder-Trauben. Wer die Winterthurer Weinspezialitäten probieren möchte, braucht nicht die Katze im Sack zu kaufen: Donnerstagabends kann man in der Vinothek der Weintrotte verschiedene Weine degustieren und erwerben. Wer mehr über die Herstellung erfahren möchte, folgt dem gut beschilderten Lehrpfad, der gleich hinter dem Haus beginnt und auf dem sich die Besucher mit den Arbeiten im Weinberg vom Schnitt bis zur Lese vertraut machen können. So erfährt man etwa, dass der Wein aus der von Professor H. Müller aus Tägerwilen gezüchteten Rebsorte in der Schweiz unter dem Namen «Riesling-Sylvaner» verkauft wird, während man diesen in Deutschland und Österreich nach dem Züchter «Müller Thurgau» nennt.

Wer keinen Wein mag, sollte der Aussicht sowie der sensationellen Sonnenuntergänge wegen hierherkommen, wenn die letzten Sonnenstrahlen die Rebhänge in orangerotes Licht tauchen.

Adresse Wülflinger Trotte, Weinbergstrasse 150, 8408 Winterthur, Tel. 052/2242860 | **ÖV** Bus 2, Haltestelle Schloss | **Öffnungszeiten** Do 17–19 Uhr | **Tipp** In Winterthur gibt es weitere Rebberge, die bewirtschaftet werden. Zum Beispiel jene am Gallispitz oder beim Goldenberg. Die Weine, die aus diesen Trauben gewonnen werden, kann man bei den Volg Kellereien in Wülflingen erwerben.

110 Der Wilde Mann

Winterthurs erste Poststelle

Pferdegewieher, Hufgetrappel, Gelächter, herumwuselnde Bedienstete, die sich um die ankommenden Gäste kümmern und ihnen Getränke und Mahlzeiten servieren, deren Pferde in den Ställen im Hinterhof versorgen sowie die Post der Reisenden entgegennehmen: So ähnlich muss es ab 1628 viele Jahrzehnte lang in Winterthurs erster Poststelle am Obertor 3 täglich zugegangen sein. Weil die Taverne «Zum Wilden Mann» unmittelbar neben dem (nicht mehr existierenden) Stadttor lag, wurde hier die Post ausgetauscht und Waren verzollt.

Eine Poststelle, wie wir sie heute kennen, war die Gaststätte aber nicht. So gab es beispielsweise kein Postgeheimnis: Die in Empfang genommenen Briefe und Pakete wurden achtlos auf die Tische und Bänke im Wirtshaus geworfen. Wer wollte, konnte Briefe öffnen und lesen. Das geschah wohl ziemlich oft, denn dieser Missstand veranlasste den Stadtrat im Laufe der Jahrzehnte immer wieder, Ermahnungen auszusprechen. Wirkung scheinen diese aber nicht gezeigt zu haben, weshalb im Jahr 1788 das Postrecht widerrufen wurde. Das sollte den Erfolg des «Wilden Mannes» keinesfalls schmälern, denn ab Mitte des 19. Jahrhunderts galt dieser als vornehmste Adresse Winterthurs. So hat auch Napoleon III. auf dem Weg zum Arenenberg am Bodensee öfters dort haltgemacht. Bis Anfang der 2000er Jahre blieb die Gaststätte ein beliebter Treffpunkt der Winterthurer, obwohl von den glanzvollen Zeiten nicht viel übrig war: nur sechs einfache Zimmer mit Lavabos und Etagenduschen. Hinzu kam eine missglückte «Modernisierung» im Jahr 1947, bei welcher der historische Keller mit Beton überzogen wurde. Mit dem Besitzerwechsel im Jahr 2003 war das Ende des traditionsreichen Gasthauses gekommen. Es wurde geschlossen und umgebaut. Anstelle des Saals im ersten Stock und der Hotelzimmer entstanden Wohnungen, und in der ehemaligen Wirtsstube befindet sich heute ein Laden.

Adresse Obertor 3, 8400 Winterthur | **ÖV** Bus 1, 5, 14, 680, Haltestelle Obertor | **Tipp** Die älteste Bar in Winterthur ist das «Schmale Handtuch« an der Turmhaldenstrasse 1, wo seit 1897 gewirtet wird. Frequentiert wird das Schmale Handtuch vor allem von Studenten der nahe gelegenen Hochschule. Es ist besonders für seinen hochprozentigen «Serpentin»-Drink berüchtigt.

111 Das Zimmertheater Ariane

Das kleinste Theater Winterthurs

Wo einst Schuhe geflickt und Ballett getanzt wurde, befindet sich seit 2014 das kleinste Theater der Stadt Winterthur: das Ein-Zimmer-Theater Ariane. Versteckt hinter dem Blätterwerk der Bäume bei der Bushaltestelle am Lindspitz, ist es in einem grossen Raum eines Backsteingebäudes aus der industriellen Blütezeit untergebracht. Diesen haben die Künstler gleich eigenhändig zu einer Bühne umgestaltet und dabei zu Pinsel sowie zu grauer und roter Farbe gegriffen. So ist nicht nur ein kleines Theater entstanden, sondern gleichzeitig der Proberaum der eingeschworenen Schauspielertruppe.

Wenn die Profi-Darsteller nicht gerade proben oder in der ganzen Schweiz auf Theater-Tournee sind, kommen jeweils bis zu 40 Zuschauende in den Genuss spezieller Theater-Juwelen, darunter szenische Lesungen, Konzerte, spezielle Kleinproduktionen oder Stücke aus dem Repertoire des Theaters Ariane. Nebst der Theatertruppe treten an diesen Abenden oft Künstler auf, die den Schauspielern des Zimmer-Theaters nahestehen. Diese sind untereinander gut vernetzt. So gelingt es dem Theater Ariane immer wieder, bekannte Schauspielerinnen und Schauspieler der Schweizer Theaterszene für eigene Produktionen zu gewinnen. Die Freude und Begeisterung der Schauspieler, vor kleinem Publikum zu stehen und den Menschen persönlich zu begegnen, ist beinahe greifbar und wirkt ansteckend. An den kleinen, aber feinen Aufführungen sind deshalb meist «Stammkunden» anzutreffen, welche die lang gezogenen Zuschauerbänke im Ein-Zimmer-Theater bevölkern. Ein solcher Theaterabend endet nicht mit Aufführungsschluss, denn danach können sich die Zuschauer mit den Schauspielern austauschen und erfahren so Interessantes aus der Theaterwelt sowie der Schweizer Kulturszene. Es ist spürbar das «lebendige Theater», welchem sich das Theater Ariane verschrieben hat.

Adresse Schaffhauserstrasse 44, 8400 Winterthur, www.theaterariane.ch | ÖV Bus 3, Haltestelle Bachtelstrasse | Öffnungszeiten Spielzeiten und Reservation von Tickets gemäss Angaben auf der Homepage | Tipp Mit der «Applauskarte» können Theaterbegeisterte Vorstellungen in vielen Kleintheatern der Stadt Winterthur zum halben Preis besuchen. Nebst dem Theater Ariane sind das Theater am Gleis, das Theater Kanton Zürich, das Casinotheater, das Marionettentheater, das Kellertheater sowie das Theater Winterthur dabei. https://applaus-winterthur.ch

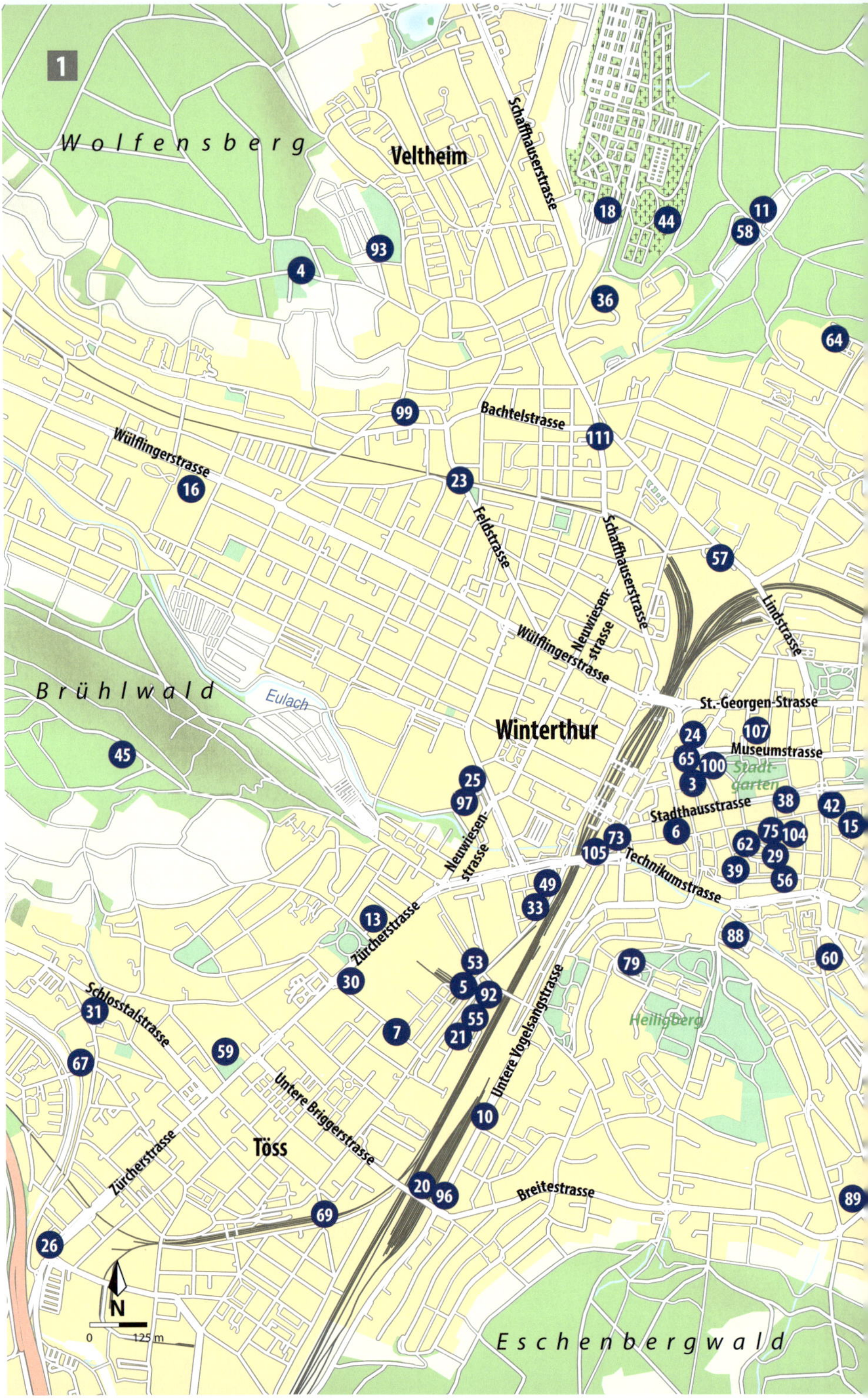

1
Wolfensberg
Veltheim
Schaffhauserstrasse
Bachtelstrasse
Wülflingerstrasse
Feldstrasse
Neuwiesen-strasse
Lindstrasse
Brühlwald
Eulach
St.-Georgen-Strasse
Winterthur
Museumstrasse
Stadt-garten
Stadthausstrasse
Technikumstrasse
Zürcherstrasse
Untere Vogelsangstrasse
Heiligberg
Schlosstalstrasse
Untere Briggerstrasse
Töss
Breitestrasse
N
0
125 m
Eschenbergwald

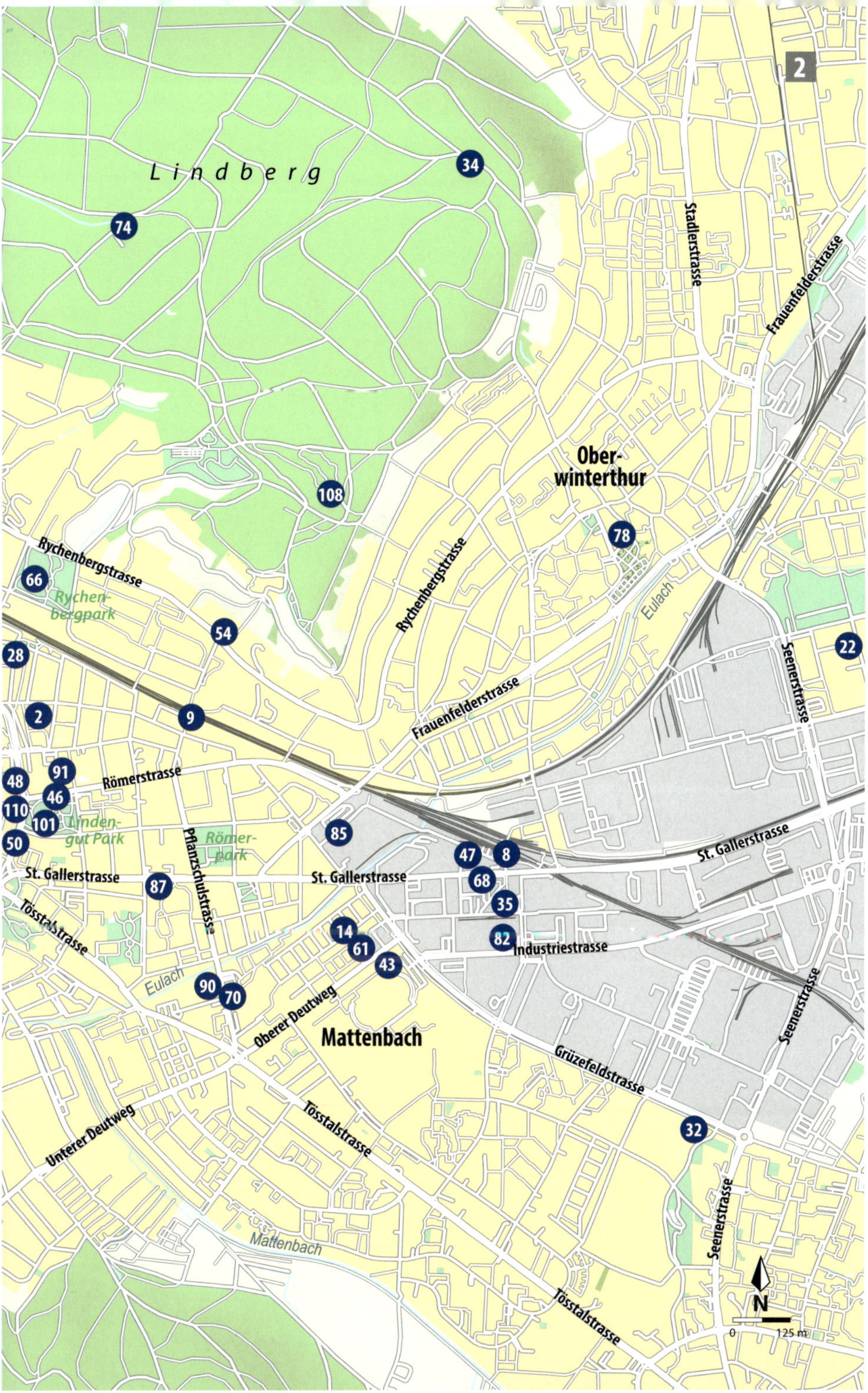

2
Lindberg
Ober-winterthur
Mattenbach
Rychenbergstrasse
Rychenbergpark
Lindengut Park
Römerpark
Römerstrasse
Pflanzschulstrasse
St. Gallerstrasse
Tösstalstrasse
Eulach
Oberer Deutweg
Unterer Deutweg
Frauenfelderstrasse
Stadlerstrasse
Seenerstrasse
Industriestrasse
Grüzefeldstrasse
Mattenbach
N
0 125 m
34
74
108
78
66
54
28
22
2
9
91
48
46
110
101
50
85
47
8
68
35
82
87
14
61
43
90
70
32

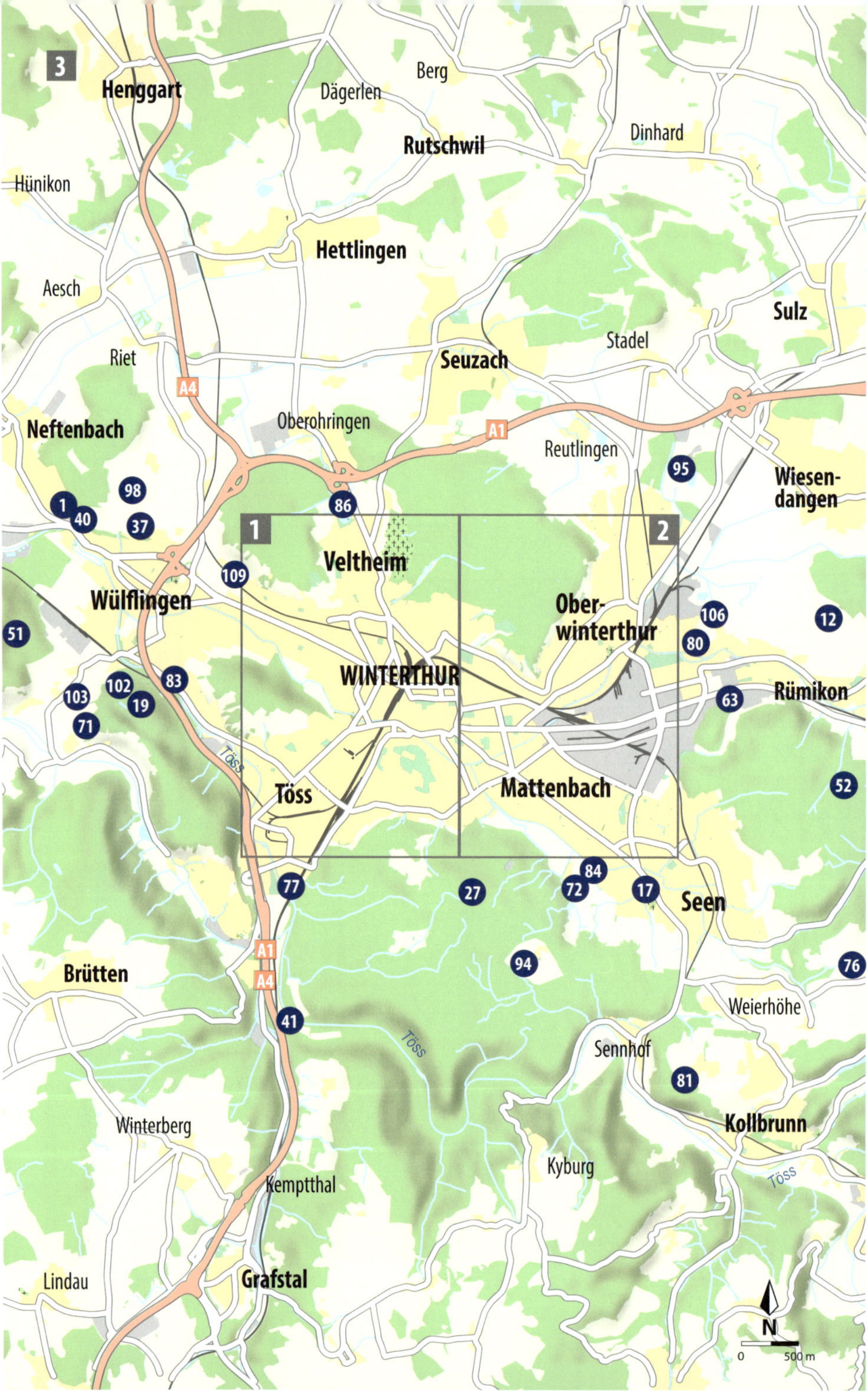
3
Henggart
Dägerlen
Berg
Rutschwil
Dinhard
Hünikon
Hettlingen
Aesch
Sulz
Stadel
Riet
Seuzach
A4
Oberohringen
A1
Neftenbach
Reutlingen
95
Wiesen-
dangen
98
1
40
37
86
1
Veltheim
2
109
Wülflingen
Ober-
winterthur
106
12
51
80
WINTERTHUR
102
83
103
19
Rümikon
63
71
Töss
Töss
Mattenbach
52
84
77
27
72
17
Seen
A1
A4
94
76
Brütten
Weierhöhe
41
Töss
Sennhof
81
Kollbrunn
Winterberg
Kyburg
Töss
Kemptthal
Lindau
Grafstal
N
0
500 m

Erwin Uhrmann,
Johanna Uhrmann
111 Orte in der Wachau, die man gesehen haben muss
ISBN 978-3-7408-1668-1

Sophie Reyer,
Johanna Uhrmann
111 Wiener Orte und ihre Legenden
ISBN 978-3-7408-1533-2

Gerald Polzer, Stefan Spath
111 Orte in Oberösterreich, die man gesehen haben muss
ISBN 978-3-95451-857-9

Susanne Gurschler
111 Orte in Tirol, die man gesehen haben muss
ISBN 978-3-95451-834-0

Andrea Nagele,
Marion Assam, Martin Assam
111 Orte in Klagenfurt und am Wörthersee, die man gesehen haben muss
ISBN 978-3-7408-1093-1

Marion Rapp
111 Schätze der Natur rund um den Bodensee, die man gesehen haben muss
ISBN 978-3-95451-619-3

Gerald Polzer, Stefan Spath
111 Orte in Graz, die man gesehen haben muss
ISBN 978-3-95451-466-3

Sabine M. Gruber
111 Orte im Wienerwald, die man gesehen haben muss
ISBN 978-3-7408-0844-0

Christian Löhden
111 Orte in Graubünden, die man gesehen haben muss
ISBN 978-3-7408-1551-6

Karl Haimel, Peter Eickhoff
111 Orte in Wien, die man gesehen haben muss
ISBN 978-3-7408-1975-0

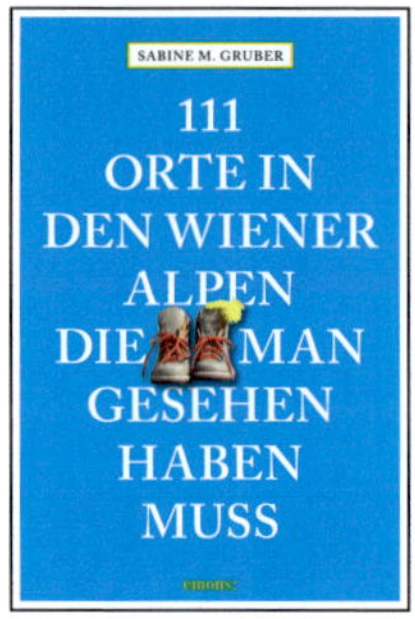

Sabine M. Gruber
111 Orte in den Wiener Alpen, die man gesehen haben muss
ISBN 978-3-7408-1213-3

Dietlind Castor
111 Orte am Bodensee, die man gesehen haben muss
ISBN 978-3-7408-1781-7

Ottmar Neuburger, Lisa Graf-Riemann
111 Orte vom Wilden Kaiser bis zum Dachstein, die man gesehen haben muss
ISBN 978-3-7408-0138-0

Walter M. Weiss
111 Orte im Ausseerland, die man gesehen haben muss
ISBN 978-3-7408-1464-9

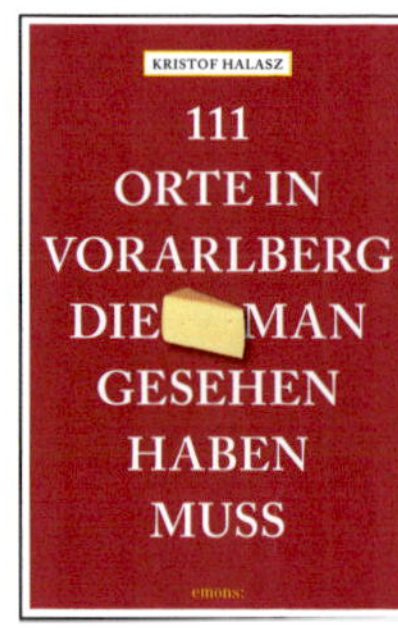

Kristof Halasz
111 Orte in Vorarlberg, die man gesehen haben muss
ISBN 978-3-7408-2016-9

Georg Renöckl
111 Orte im Mühlviertel, die man gesehen haben muss
ISBN 978-3-7408-1431-1

Franz Hlavac, Gisela Hopfmüller
111 Orte in Kärnten, die man gesehen haben muss
ISBN 978-3-7408-2203-3

Rolando N. Grumt Suárez
111 Orte in Hallstatt, die man gesehen haben muss
ISBN 978-3-7408-0858-7

Dorothee Fleischmann,
Carolina Kalvelage
111 Orte in Budapest, die man gesehen haben muss
ISBN 978-3-7408-0877-8

Astrid Süßmuth
111 Spukorte in und um München, die man gesehen haben muss
ISBN 978-3-7408-0336-0

Rüdiger Liedtke
111 Orte in München, die man gesehen haben muss
ISBN 978-3-7408-2126-5

Rüdiger Liedtke
111 Orte in München, die man gesehen haben muss, Band 2
ISBN 978-3-7408-1514-1

Rüdiger Liedtke
111 Orte in München, die Geschichte erzählen
ISBN 978-3-7408-2045-9

Gerald Polzer, Stefan Spath,
Antonia Schulz
111 Orte in der Steiermark, die man gesehen haben muss
ISBN 978-3-7408-0140-3

Astrid Süßmuth
111 Orte im Werdenfelser Land, die man gesehen haben muss
ISBN 978-3-7408-0118-2

Jochen Reiss
111 Orte im Fünfseenland, die man gesehen haben muss
ISBN 978-3-7408-1777-0

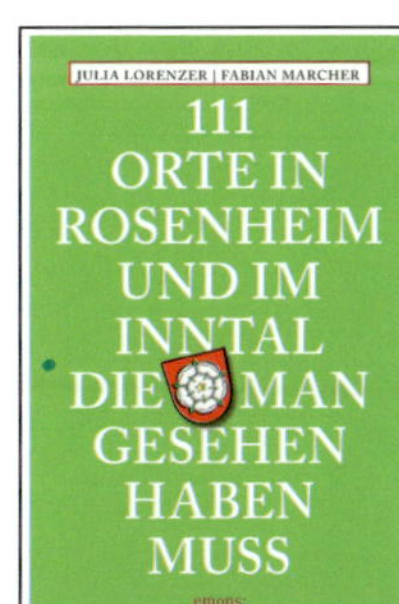

Julia Lorenzer, Fabian Marcher
111 Orte in Rosenheim und im Inntal, die man gesehen haben muss
ISBN 978-3-95451-735-0

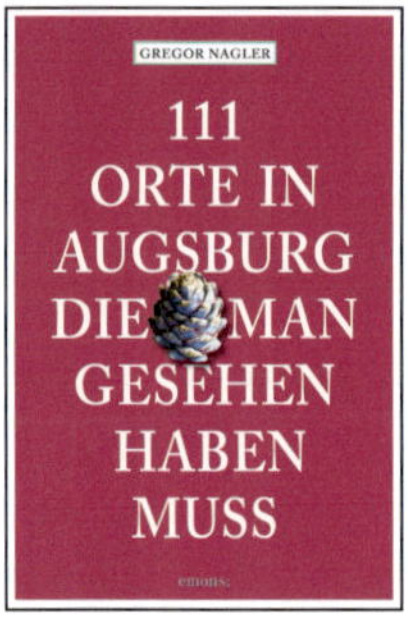

Gregor Nagler
111 Orte in Augsburg, die man gesehen haben muss
ISBN 978-3-7408-1782-4

Marko Roeske
111 Orte im Bayerischen Wald, die man gesehen haben muss
ISBN 978-3-7408-1690-2

Cornelia Ziegler
111 Orte im Allgäu, die man gesehen haben muss
ISBN 978-3-7408-2128-9

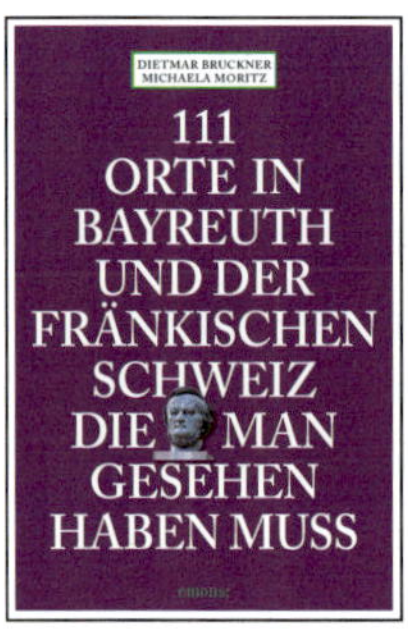

Dietmar Bruckner, Michaela Moritz
111 Orte in Bayreuth und der Fränkischen Schweiz, die man gesehen haben muss
ISBN 978-3-7408-1033-7

Reiner Vogel, Maximilian Raab
111 Orte in Regensburg, die man gesehen haben muss
ISBN 978-3-95451-054-2

Dietmar Bruckner, Jo Seuß
111 Orte in Nürnberg, die man gesehen haben muss
ISBN 978-3-7408-2177-7

Gertrud Steiger, Joachim Steiger
111 Orte im Odenwald, Spessart und an der Bergstraße, die man gesehen haben muss
ISBN 978-3-7408-1512-7

Ottmar Neuburger, Lisa Graf-Riemann
111 Orte im Berchtesgadener Land, die man gesehen haben muss
ISBN 978-3-7408-1803-6

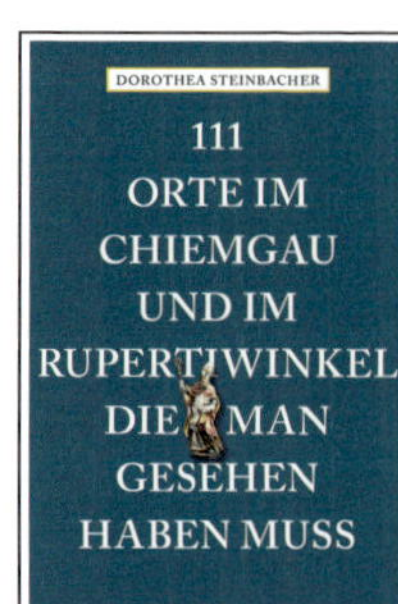

Dorothea Steinbacher
111 Orte im Chiemgau und im Rupertiwinkel, die man gesehen haben muss
ISBN 978-3-7408-1654-4

Danksagungen

Ich danke meinem Lebenspartner Denis für sein ehrliches Feedback, das Gegenlesen des Texts sowie seine Begleitung an alle möglichen und unmöglichen Orte in Winterthur. Ohne die zahlreichen Inputs vieler Mitwirkender wäre dieses Buch jedoch gar nicht entstanden. Deshalb danke auch an Mirko, der etliche Ideen dazu beigesteuert und mich ermutigt hat, dieses Buch zu schreiben. Ein weiterer Dank gilt den Mitarbeiterinnen und Mitarbeitern der Stadtbibliothek Winterthur, die mich bei der Recherche tatkräftig unterstützt haben. Ein grosses Dankeschön auch unserem Testleser Basil für seine Anmerkungen, Georg für seine grandiosen Fotos und Roger für die Empfehlung von Georg.
Corinne Päper

Ich danke meiner Frau und meinen Kindern, die viel Geduld aufbrachten und mich manchmal sogar begleitet haben. Weiterer Dank gilt meinen Freunden Roger, Sven und Christian, die mit mir unterhaltsame Stunden auf der Bilderjagd verbracht haben. Einen speziellen Dank auch an Roger für die Weiterempfehlung. Zu guter Letzt gilt der Dank auch Corinne, die das Projekt überhaupt möglich gemacht hat. Sie hat die Sache von Anfang bis zum Ende koordiniert und brillante Texte geschrieben.
Georg Holubec

Corinne Päper lebt seit 2009 in Winterthur und ist dem Charme der «Gartenstadt» sowie den zahlreichen Stadtgeschichten verfallen, die sich in allen Winkeln Winterthurs verbergen und darauf warten, erzählt zu werden. Die Autorin ist Journalistin, arbeitete zehn Jahre für die Personalfachzeitschrift HR Today und schreibt heute für verschiedene Fachmagazine. Ihre Artikel erschienen beispielsweise im Globetrotter Magazin, im Permakultur-Magazin oder in der Winterthurer Zeitung. 111-orte-in-winterthur.com, corinnepaeper.com

Georg Holubec, geboren in Winterthur, konzentriert sich nach Anstellungen im Facility Management und im Bereich der Informatik auf die Fotografie, die er sich im Selbststudium beibrachte. Erste Erfolge feiert er mit seiner Facebookseite «Winterthur in Pictures», die innerhalb weniger Monate eine grosse Gefolgschaft fand und auf der Holubec seine Heimatstadt gekonnt in Szene setzt.